Robbenjagd in Berlin

Humorvolle Erzählungen
aus dem Leben eines Aussiedlers

von
Alexander Reiser

Reiser, Alexander
Robbenjagd in Berlin
Humorvolle Erzählungen aus dem
Leben eines Aussiedlers

Vechta: Geest-Verlag, Vechta-Langförden

Verlag: Geest-Verlag,
Lange Straße 41a, 49377 Vechta-Langförden
Tel. 04447/856580 / Fax 04447/856581
Geest-Verlag@t-online.de
www.Geest-Verlag.de

Druck: Geest-Verlag

ISBN 978-3-86685-192-4
Printed in Germany

Vorwort

Ursprünglich komme ich aus einem kleinen Dorf, Hoffnungstal. Einem Dorf, das nicht, wie man vermuten würde, zwischen Oder und Rhein liegt, sondern im weit entfernten Sibirien. Genosse Stalin, der bekanntermaßen so manches Unmögliche möglich zu machen wusste, hat für dieses ethnografische Kuriosum gesorgt. Im September 1941 ließ er kurzerhand mit einem Erlass die seit 200 Jahren in Russland lebenden Deutschstämmigen[1] aus dem europäischen Teil in die menschenleeren Weiten hinter dem Ural verbannen, darunter auch meine Eltern samt der ganzen Verwandtschaft. Dank ihm geschah es, dass die Jahrtausendstille im unendlichen sibirischen Urwald mit der hier anmutend klingenden deutschen Sprache gesprengt wurde, wenn sich die Neu-Sibirier in der klirrenden Kälte ein neues Zuhause bauend über die sie hier überraschenden Probleme unterhielten.

---

[1] Bis zum 2. Weltkrieg lebten in der Sowjetunion 1,6 Millionen Deutschstämmige, deren Vorfahren im Laufe der letzten 200 Jahre aus Deutschland nach Russland auswanderten. Sie waren in dem Vielvölkerstaat anerkannt als eine von den vielen nationalen Minderheiten, hatten mit der Autonomen Republik der Wolgadeutschen (ASSRWD) ihre eigene teilautonome Staatlichkeit. Mit dem Erlass des obersten Sowjets der UdSSR vom 28. August 1941 wurden sie schuldlos der Kollaboration mit Hitlerdeutschland beschuldigt und ausnahmslos aus dem europäischen Teil Russlands nach Sibirien und Mittelasien deportiert.

„Diese verdammten Schneestürme haben meine Erdhütte bis über das Dach zugeschneit. Musste bis Mittag die Eingangstür freischaufeln ...“
„Glück gehabt, dass du beim richtigen Schneehügel angesetzt hast. Sonst hättest du vielleicht Nachbars Kuhstall ausgegraben, die sehen ja alle gleich aus ...“
Eigentlich wuchs ich als Kind ohne jede Ahnung von der ‚weisen' Nationalitätenpolitik des ‚Vaters aller Völker der Sowjetunion' auf und glaubte, dass die Deutschen in Pelzmantel und Filzstiefeln zu diesem Breitengrad gehörten wie die Schweizer zu den Alpen. Wie alle meine Altersgefährten schaute ich mir im Dorfkino gerne Filme über die tadellosen Heldentaten der Rotarmisten an, die die irgendwie dämlich wirkenden ‚Fritzen'[2] immer wieder tapfer geschlagen haben. Natürlich war ich auf der Seite der Guten, bis mich eines Tages jemand von der hinteren Bank für die Erwachsenen giftig zurechtwies, dass ich meinen Platz eigentlich bei der Gegenseite zu suchen hätte. Damals empfand ich es als eine ungeheuere Unterstellung. Etwas später aber, beim genaueren Nachdenken, musste ich feststellen, dass die von der hinteren Bank, aufgrund meines Namens und meiner Muttersprache, gar nicht so unrecht hatten. Und so katapultierte mich das Leben schon in einem zarten Alter plötzlich aus dem unbeschwerten Dasein eines ‚Angehörigen' des Heldenvolks in das Dasein eines geborenen Outsiders,

[2] Ein Spottname für die deutschen Soldaten während des Krieges.

als der ich mich dann auch weiter durchs Leben schlagen musste. Bis es mit Gorbatschows Perestroika plötzlich hieß, dass das Tor aus dem Käfig mit dem Namen ‚Sowjetunion' offen sei, und auch ich in die weite freie Welt hinaus durfte.

Inhalt

Am Anfang aller Dinge steht der Antrag	11
‚Kein Wort Deutsch, und der Sprachtest ist bestanden!'	17
Der Reisepass	23
Zu den Außerirdischen und zurück	30
Das Spätaussiedler-Wohnort-Gesetz*	38
Aus Sibirien nach Berlin	42
Halunken aus den eigenen Reihen*	49
Ohne Schuld hinter die Mauer	54
Auch die Reichen haben Sorgen	58
Von Pontius zu Pilatus *	66
Sprachkurse, die man meiden sollte*	71
Auf das Wohl des Sicherheitsdienstes	76
Die unergründlichen Wege der Integration	79
Wie ich beinahe Banker geworden wäre	85
Das Problem, einem anderen etwas zu gönnen*	91
Das beschwerliche Anliegen eines Bettkaufs*	95
Teure Fahrten	104
Verbannungsort Rügen	107
Der Spion aus Russland	112
Onkel Heinrich und die ‚Große Politik'	118
Die Möbel für meinen Vater	123
Woran man einen Aussiedler erkennt*	127
Die Russlanddeutschen und die Schamanen	134
Für eine bodenständige Welt	140
Aussiedler mögen grünen Tee	145
Hilflosigkeit	150
Die Sehnsucht nach einem Wunschaussiedler	153

Der moderne Staatsdiener	158
Neue Schwierigkeiten mit den ‚Russen'	163
Der Schuster, der Bäcker und die Integration der Aussiedler	166
Drei deutsche Gegebenheiten, die eine russische Jägerseele erschütterten	172
Zu den Privilegien der Migranten	177
Unsere Namen – unsere Schicksale	184

* *Die Erzählungen wurden von Carola Jürchott aus dem Russischen übersetzt.*

Am Anfang aller Dinge steht der Antrag

Wer glaubt, dass man als Aussiedler[3] nur ins Flugzeug steigen muss, um irgendwo in Deutschland zu landen, der täuscht sich grundlegend. Der Weg ins ‚gelobte Land' ist mit zahlreichen Stolpersteinen übersät und muss durch langes Irren durch das lange Labyrinth der Behördengänge erst leidvoll errungen werden. Man lässt sich auf etwas sehr Abenteuerliches und, wie sich bald herausstellt, auch sehr Kostspieliges ein ...

Man muss es sich so vorstellen, als ob man sich plötzlich irgendwo in einem sibirischen Kaff als Lottogewinner wiederfindet, aber die nächste Möglichkeit, sein Glückslos einzureichen, in siebentausend Kilometern Entfernung hinter drei Grenzen liegt, und man nicht weiß, wie man diese überwinden soll. Und weil der russische Staat selbstverständlich nicht an jeder Ecke mit Plakaten dafür wirbt, wie man ihm den Rücken kehren kann, weiß niemand so richtig, wie die ganze Angelegenheit anzugehen ist. Es kursieren Gerüchte – eines wilder als das andere –, die so widersprüchlich sind, dass nur ein Verrückter ihnen Glauben schenken würde. Aber, wie es so in der inzwischen auch in Russland angekommenen Markwirtschaft läuft, die Nachfrage erzeugt das Angebot, und so fand sich selbstverständlich auch bald in der Stadt ein ‚Guru', der mir den Weg zum Glück zeigen

---

[3] Nachkömmling eines deutschen Auswanderers nach Russland, der das Recht hat, in die Bundesrepublik einzureisen und die deutsche Staatsangehörigkeit zu erwerben.

sollte. Ich machte mich auf den Weg und fand schließlich den ‚Retter' in einem in den Hinterhöfen versteckten Büro, unzugänglich und erhaben hinter einem Schreibtisch wie auf dem Altar im Tempel sitzend, vor. Er lächelte mich zwar freundlich an, aber seine Augen, die eines Gauners, verrieten mir sofort, dass mir hier für die ‚Erlösung' bestimmt das Fell über die Ohren gezogen würde.
Ich schwadronierte ihm eifrig vor, dass meine Freunde mich schon als Trottel belächelten, weil ich meine vielleicht einmalige Chance verpassen würde, dass ich gerne möchte, obwohl ich immer noch zweifle, weil ich nicht so ein spontaner Typ sei, doch auch ich verlöre so langsam die Hoffnung, und daher bäte ich ihn, mir bei der Ausreise zu helfen.
Das göttliche Wesen zuckte nicht einmal mit der Wimper angesichts meiner menschlichen Hast. Nur an der Stelle, als ich über meine Entscheidung für das Auswandern berichtete, lebte sein erstarrtes Gesicht plötzlich auf, und er versicherte mir unerwartet leidenschaftlich, dass ich die richtige Entscheidung getroffen hätte. Danach versteinerte er wieder in prüfender Strenge, bis er plötzlich zornig wie ein angeschossenes Tier aufheulte, ob ich, ein kleines Staubkorn, überhaupt eine Ahnung hätte, auf welches komplizierte Unterfangen ich mich da einlassen würde? Ob mir der Ernst der Sache überhaupt klar wäre? Und als ob er es jetzt sofort prüfen wollte, knallte er mir das Antragsformular für die Ausreise zum Ausfüllen auf den Tisch, das aus 52 Seiten bestand.
Und solange ich wie hypnotisiert auf den Folianten vor mir starrte, redete er mir ins Gewissen, dass nur ein

Mensch in der Stadt mir helfen könne, diese unheimliche Aufgabe zu bewältigen, dass gerade er das sei, er, der sich auch ohne Ende für die Ausreisenden aufopfere und dafür mindestens Dankbarkeit erwarten könne. Und plötzlich, als ob er sich bei dem Wort ‚Dankbarkeit' an etwas erinnert hätte, fragte er wieder sofort und unerwartet leidenschaftlich nach, ob ich auch ein geregeltes Einkommen hätte? Und nach meinem ‚Ja' griff er das Thema der Dankbarkeit zufrieden wieder auf und vertiefte es mit der Bedingung meiner widerspruchslosen Fügung bei all seinen Forderungen an mich. Und erst jetzt, als er meine Kleinigkeit dorthin gebracht zu haben glaubte, wo er mich am liebsten gehabt hätte, meinte er, dass zwar das Formular selbst ganz schön was koste (und er nannte mir eine zweistellige Summe in US-Dollar), dass das aber nur ein Bruchteil der weiteren Leistungen, wie die Hilfe beim Ausfüllen, von ihm sei (und nun nannte er mir eine dreistellige Summe in US-Dollar). Der Bursche beherrschte erstaunlich gut, wenn man die Kürze der Zeit des Kapitalismus in Russland bedenkt, das Handwerk des Profitmachens, was ich besonders jetzt, im Nachhinein, behaupten kann, wo ich weiß, dass die mir von ihm verkauften Antragsformulare von der Botschaft kostenlos verteilt wurden.

Ich versuchte zwar zu verhandeln, stieß aber dabei auf einen göttlich verurteilenden Blick, wie ich nur so leichtsinnig seinen letzten Satz über die ‚widerspruchslose Fügung' überhören konnte? Mir blieb nur ein ‚Okay' vor mich hinzuseufzen, und schon setzte er mit dem Eifer eines Goldgräbers, der sich beeilt, seine neu entdeckte

Goldmine für sich zu markieren, den ersten Satz auf die Seite.
Danach quälten wir uns mühsam Frage für Frage durch das Formular, und ich musste immer mehr staunen, dass man von mir Sachen wissen wollte, auf die ich nie gekommen wäre, sie mich selbst zu fragen. In den frühen sechziger Jahren geboren, sollte ich zum Beispiel Auskunft darüber geben, wo ich am 1. September 1939 war. Und dann am 8. Mai 1945. Es gab Fragen, auf die nicht mal ein Ahnenforschungsfreak die richtige Antwort wissen würde: Wann hatte meine verstorbene Großmutter väterlicherseits geheiratet? Und wo? Gab es auch eine Eintragung ins Eheschließungsregister? Und, o weh, es war ihre zweite Ehe! Jetzt sollte ich auch noch genaue Auskunft geben über den Gauner, der sich vor 70 Jahren aus dem Staub gemacht hatte und den nicht mal meine Großmutter, geschweige denn ich, je wieder gesehen hatte.
Mit der Zeit glaubte ich schon, die Arbeit gar nicht zu sehr überbezahlt zu haben, als mein Guru plötzlich die Bandbreite seiner zu bezahlenden Leistungen erheblich ausweitete. So ganz nebenbei, mit nur einer Anmerkung. „Ach ja, das alles muss noch mit Urkunden belegt werden. Ich meine, in einer Ablichtung meiner Übersetzung ins Deutsche. Das kostet pro Urkunde noch extra ..." Und er nannte mir eine weitere Summe in US-Dollar, nach der ich die eigentliche Quelle seiner Einnahmen endlich verstanden hatte. Diesmal versuchte ich trotz des strengen Blicks zu verhandeln, doch mit mäßigem Erfolg.

Weiter ergab sich ein Dialog, der dem Ticken eines Taxameters ähnelte. „Wann wurde ihr Großvater mütterlicherseits geboren? Die Geburtsurkunde kostet ...! Wann hat er geheiratet? Eine Übersetzung der Heiratsurkunde ... Gestorben? Die Übersetzung des Totenscheins ... Hat er was gelernt, einen Beruf?"
In der Vorahnung, was ich so für all die Schul- und Berufsabschlüsse hinblättern müsste, habe ich erst einmal gelogen und ihn zum Analphabeten gemacht. Wie auch meine ganze Verwandtschaft, die ich als ungehobelt darstellte. Sogar die Frage, ob ich einen Führerschein besitze, habe ich, ohne auch nur mit der Wimper zu zucken, verneint, obwohl ich mit dem Auto gekommen war. Der Bursche muss wohl am Ende mein Spiel durchschaut haben, weil er begann, mir mit durchaus raffinierten Fangfragen Fallen zu stellen.
„Das waren doch bestimmt Christen?"
Und obwohl ich schon ahnte, dass jetzt noch die Kirchenbeitrittserklärung übersetzt werden musste, wollte ich meine Großeltern doch nicht als gottlose Heiden darstellen und stimmte zu.
Als letztendlich die Bilanz gezogen wurde und ich den Endpreis zu Ohren bekommen hatte, musste ich mir wirklich überlegen, ob ich mir die ganze Auswanderung tatsächlich leisten könnte. Als ich nach drei Jahren nach Deutschland kam und im Aufnahmelager Friedland der Sachbearbeiter meinen Antrag aus dem Regal holte, meinte er verärgert, was mir da eingefallen sei, all diese überflüssigen Übersetzungen zu schicken – im Grunde genommen brauchte er von den 28 Übersetzungen nur zwei.

Im Nachhinein konnte ich mich auch ärgern, aber damals war ich erst einmal heilfroh, nach wochenlanger Arbeit die 52 ausgefüllten Seiten samt allen Unterlagen und Übersetzungen bei der nächsten Gelegenheit nach Deutschland an das Bundesverwaltungsamt schicken zu können.

‚Kein Wort Deutsch, und der Sprachtest[4] ist bestanden!'

Auszuwandern ist nicht nur ein kostspieliges Unterfangen, sondern auch sehr zeitaufwendig und voll ungeahnter Gefahren. Zeitaufwendig, weil es ganze anderthalb Jahre gedauert hat, bis sich überhaupt jemand vom Bundesverwaltungsamt auf meinen Antrag hin gemeldet hat. Und das nur, um mich zu einem Sprachtest in die nächste deutsche Auslandsvertretung zu bestellen, die, das muss dazu gesagt werden, in sechstausend Kilometer Entfernung lag. Damit komme ich wieder auf das ‚kostspielig' zurück, weil ich für den Flug wie die Unterkunft und Verpflegung in der wildfremden Stadt selbst aufkommen musste. Und jetzt kommen wir zu den Gefahren ...

Vor meiner Abfahrt zum Test pilgerte ich, wie es sich vor Antritt einer schicksalsträchtigen Reise gehört, wieder zu meinem alles über die Auswanderung wissenden Guru, um bei ihm Rat und Beistand auch für die Sprachtestherausforderung zu suchen. Nun, er war gewiss ein Gauner, aber gleichzeitig wiederum auch ein ausgemachtes Schlitzohr, das bestimmt mehr wusste, als in dem offiziellen Schreiben stand. Er musterte mich eine gewisse Zeit skeptisch und wollte plötzlich wissen, was

[4] Bevor ein Aussiedler in die Bundesrepublik auswandern darf, muss er sich in einer Vertretung des deutschen Staates in Russland einer Prüfung seiner Kenntnisse der deutschen Sprache unterziehen. Nur wer den Sprachtest bestanden hat, darf nach Deutschland einreisen.

ich wohl auf folgende Fragen des Prüfers antworten würde: „Sie sprechen so gut Deutsch, haben bestimmt viel Zeit mit dem Erlernen der deutschen Sprache verbracht?"
„Ja, natürlich", beeilte ich mich, das zu bestätigen – in der festen Überzeugung, damit bei der Behörde punkten zu können, dass ich bis zu meiner Abreise nicht auf der faulen Haut gelegen, sondern meinen 200 Jahre alten schwäbischen Dialekt zu Hochdeutsch aufpoliert hatte. „Ich habe Tag und Nacht gepaukt, mir mit Deutschbüchern fast die Augen verdorben und bin mit dem Wörterbuch als Nachtlektüre ins Bett gegangen."
„Haben Sie Deutsch auch nach der Schule gelernt?"
„Und noch wie! An der Uni", strotzte ich nur so vor Selbstzufriedenheit, in dem Glauben, dass das Erlernen der deutschen Sprache an der Hochschule bestimmt eine höhere Anerkennung verdient.
„Was strahlst du so?", meinte mein Guru spöttisch. „Du bist durchgefallen!"
Bei allem Respekt vor meinem ‚Retter' wollte ich ihm das nicht abnehmen.
„Das ist die klassische Reinlegefalle. Das Gesetz schreibt nämlich vor, dass nur der als Aussiedler ins Land gelassen wird, der seine deutsche Sprache von den Eltern beigebracht bekommen und sie sich nicht irgendwo angelernt hat. Und schon gar nicht mit großer Mühe, was ja die Schlussfolgerung zulässt, dass du sie vorher aus dem Elternhaus nicht kanntest. Damit sind die Voraussetzungen für eine Aufnahme nicht erfüllt und du hast prompt die Ablehnung in der Hand."

Und er belächelte mich wie einen Tölpel. Wie vor den Kopf geschlagen, konnte ich nur noch dumm nachfragen: „Was soll ich dann tun?"
„Quatsche sie einfach im Konsulat mit deinem fürchterlichen altschwäbischen Dialekt voll, den keiner versteht, und schon gar nicht in Deutschland. Bestimmt auch dein Prüfer nicht, aber so sind eben die Vorschriften. Vermeide beim Sprachtest gänzlich die gängige deutsche Sprache, und du bist aus dem Schneider."
Das hat mich erst einmal völlig aus dem Konzept gebracht. Aber es gab noch mehr gute Tipps.
„Welche Weihnachtslieder kennst du?"
„Ich musste mal als Kind für meine Oma unter dem Christkindbaum singen, aber das ist schon eine kleine Ewigkeit her, habe bestimmt alles vergessen. War schon immer ein scheußlicher Sänger."
„Das kümmert keinen! Ein Russlanddeutscher muss zu Weihnachten singen wie ein Volksliednarr, so sind die Vorschriften. Deswegen übe mal fleißig, um so richtig vor dem Prüfer losjodeln zu können. Und einen deutschen Volkstanz lerne auch noch gleich dazu."
„Das ist nicht dein Ernst ..."
„Doch, mein Lieber, zu viele wollen nach drüben, da musste man sich was einfallen lassen, um den Zustrom zu drosseln. Aber manchmal kann ich die Deutschen nicht verstehen. Vor Kurzem hatte ich ein junges Mädel vor mir, bildhübsch, mit bester Ausbildung und perfektem Hochdeutsch. Andere Länder reißen sich um solche jungen Fachkräfte. Die Deutschen aber haben ihren Antrag abgelehnt, weil sie keinen Dialekt sprach ... Dafür haben

sie aber ein Dutzend schwäbelnde Melkerinnen im Rentenalter ins Land gelassen!"
Und mit diesem bösen ‚Omen' entließ er mich auf meine Reise – noch verwirrter, als ich es vor dem Besuch bei ihm war.
Ehrlich gesagt, wollte ich das alles nicht so richtig glauben, was er mir da erzählt hatte. Bis ein paar Tage später der Prüfer in der deutschen Vertretung tatsächlich anfing, mich für meine guten Deutschkenntnisse zu loben – da läuteten bei mir sofort die Alarmglocken.
„Von wo kommen Sie?"
„Vom Darf"[5] – schwäbelte ich ihm zur Antwort. Und legte noch eins drauf.
„Wir honnen aufm Darf gewohnt, in Omskaja Oblast. Drham und of dr Gass hommer immer deitsch verzählt."[6]
Ich schwäbelte jetzt leidenschaftlich, obwohl meine in der Literatursprache geübte und daran gewöhnte Zunge nicht so richtig mitmachen wollte. (Gott, wie viel Mühe hatte ich mir seinerzeit gegeben, um diese Zunge an die hochdeutsche Aussprache zu gewöhnen! Um sie jetzt in die andere Richtung vergewaltigen zu müssen ...)
„Die Muder und der Voder, der Altpabe wie die Altmame. Der Pabe hat im Kolchos geschafft als Skotnik, die Mama als Dojarka."[7]

---

[5] Dorf
[6] Wir haben auf einem Dorf gelebt, im Gebiet Omsk. Zu Hause und auf der Straße haben wir immer deutsch gesprochen.
[7] Meine Mutter und mein Vater, mein Großvater wie die Großmutter. Mein Vater arbeitete als Viehzüchter, meine Mutter als Melkerin.

Am verwirrten Blick meines Prüfers erkannte ich schadenfroh, dass er kein Wort verstanden hatte.
„Von wo kommen Sie noch mal?"
„Vom Darf."
„Was ist ein ‚Darf'?"
Ich stellte mich dumm, als hätte ich ihn nicht verstanden, und fragte zurück: „Was?"
„Что такое – ‚Darf'?" Verzweifelt versuchte mein Prüfer, mit mir auf Russisch zu kommunizieren. Obwohl er die Sprache eher gar nicht als schlecht konnte, wie ich an seiner Aussprache sofort feststellen musste.
„Деревня."
„Это как маленький город?" [8] bestätigte er meine Vermutung über seine fehlenden Kenntnisse der Landessprache.
„Да, как маленький город. Только совсем маленький. Без дорог и далеко в степи."[9]
Sie war schon surreal, unsere Unterhaltung – da saßen sich zwei Leute gegenüber, die sich ganz einfach in der ihnen vertrauten Sprache hätten verständigen können, anstatt diesen absurden Dialog zweier Außerirdischer zu führen. Ich musste mich sehr beherrschen, um nicht vor Lachen loszubrüllen. Und das nicht nur wegen seiner Definition eines Dorfes ...
Den anschließenden Gesprächsverlauf will ich dem Leser ersparen, denn weiter als bis zu den ersten oben

[8] Wie eine kleine Stadt?
[9] Ja, wie eine kleine Stadt. Aber eine sehr kleine. Ohne Verkehrsverbindungen und weit in der Steppe.

ausgeführten Sätzen sind wir sowieso nicht gekommen, obwohl wir uns bestimmt eine Stunde mit ihnen herumgeschlagen haben. Ich kann nur glauben, dass ich zur erheblichen Aufbesserung der Russischkenntnisse meines Prüfers beigetragen habe, was wiederum mit dem eigentlichen Grund meines Besuches, dem Sprachtest, nichts zu tun hatte.

Er gab sich wirklich Mühe, dass es ihm fast den Schweiß auf die Stirn trieb, aber ich blieb unbarmherzig, schließlich hatte die Regierung und nicht ich ihm das alles eingebrockt. Mit keinem Mucks habe ich meine Deutschkenntnisse verraten und damit glücklich den Deutschtest bestanden.

Der Reisepass

Dass das Auswandern ein zeitaufwendiges Unterfangen ist, sei hier noch einmal erwähnt, weil es wieder ein ganzes Jahr gedauert hat (inzwischen dauert es fünf Jahre), bis mit dem Aufnahmebescheid endlich mein Einreisevisum nach Deutschland eintraf. Von den Kosten des Verfahrens will ich gar nicht reden, weil die so manchen von uns schon vor der Abreise zu einem armen Mann gemacht haben, und man soll ja versuchen, über das Traurige hinwegzukommen.

Und das alles, um nun plötzlich festzustellen, dass der ganze Aufwand nur ein leichtes Vorspiel zu der echten Herausforderung war, dem Gang zur örtlichen russischen Behörde. An dieser führt kein Weg vorbei, weil man schließlich einen Reisepass benötigt, um das Land zu verlassen. Und da hat man sich so einiges einfallen lassen, um einen ‚Vaterlandsverräter', der ‚seiner geliebten Mutter Heimat' den Rücken gekehrt hat, noch einmal den ganzen Zorn des Staates auf seine Tat spüren zu lassen. Dass er es so verdient hat, davon sind die immer noch seit der Sowjetzeit in den Ämtern sitzenden Staatsdiener bis heute fest überzeugt, dass es gerecht ist, ihn nach jeder behördlichen Lust und Laune zu demütigen und zu geißeln, ihn stundenlang in den Warteräumen der zahlreichen Behörden schmoren zu lassen, ihn mit irgendwelchen unsinnigen Bescheinigungen auf Trab zu halten, um ihn dann zum Schluss noch im ‚Namen des Vaterlandes' wie eine Weihnachtsgans auszunehmen.

Pech nur für die Staatsdiener, es war gerade die Zeit in Russland, als die Betriebe den Leuten keinen Lohn zahlten. Selbst wenn jemand von uns ihnen ein paar von seinen schwer verdienten Rubeln hätte zukommen lassen wollen, fehlte ihm einfach das Bare. Aber ein Beamter ist ziemlich einfallsreich, wenn es darum geht, einen Weg zu finden, seine eigene Tasche auf Staatskosten zu füllen.

Als ich zum ersten Mal zur örtlichen Stelle für Reisepass-Angelegenheiten kam, fand ich es schon merkwürdig, dass alle Besucher im Warteraum mit irgendwelchen gefüllten Bündeln und Taschen dasaßen. Und dass es in dieser eigentlich tristen Behörde plötzlich so unangebracht köstlich nach frisch gebratenen Hähnchen, hausgemachter Wurst und geräuchertem Speck roch. Neben mir hielt ein älteres Mütterchen einen Korb mit frischen Hühnereiern in sanfter Umarmung auf dem Schoß und in einem Sack in der Ecke grunzte es verdächtig. Vor dem Eingang waren mir ein paar völlig deplaziert angebundene Schafe und ein Ziegebock aufgefallen. Merkwürdig war auch, dass die Besucher, in der Mehrzahl Bauern aus den umliegenden Dörfern, sich mit ihren Taschen ins Dienstzimmer hineinschleppten, aber aller Lasten ledig wieder herausspazierten.

Mein Verdacht bezüglich dessen, wie man in den Zeiten der Naturalienwirtschaft schnell zu seinen Papieren kommen konnte, wurde zur unumstößlichen Gewissheit, als plötzlich die Schafe und der Ziegebock von einem Staatsdiener abgeholt wurden.

Aber ich war ein Städter, hatte nichts zu bieten und war wohl eine reine Enttäuschung, wie ich aus dem Tonfall der entschlossenen, uniformierten Dame im Dienstzimmer sofort heraushören konnte. Anscheinend war ihr ihre Zeit für so eine magere Beute, noch dazu einen Vaterlandsverräter, zu schade, also fasste sie sich kurz: „Ich kann Ihnen nur Folgendes empfehlen: Da um die Ecke betreibt ein guter Mensch ein Büro. Ein tüchtiger Junge, mein Neffe übrigens, der für einen angemessenen Aufpreis all diese Sachen für Sie übernehmen wird."
„Vielleicht kann ich es auch selbst machen?", versuchte ich aufzubegehren.
„Das würde ich Ihnen nicht raten", wurde mein Widerstand im Keim erstickt. „Haben Sie überhaupt eine Vorstellung davon, wie viele Bescheinigungen Sie auftreiben müssen, bevor ich Ihnen einen Pass ausstellen kann? Vom Standesamt darüber, dass Sie sich nicht durch Flucht den Unterhaltszahlungen für irgendein uneheliches Kind entziehen wollen ... Dann vom Wohnungsamt darüber, dass Sie nicht irgendwelche nicht Ihnen gehörende Immobilien verscherbelt haben oder mit der Miete im Rückstand sind ... Und noch von der Bank: Wer weiß, vielleicht sind Sie ein notorischer Kreditbetrüger, der vorhat, einen Schuldenberg zu hinterlassen. Ach ja, und dann noch vom Wehrbezirkskommando, dass Sie – Gott behüte – nicht mit irgendwelchen Staatsgeheimnissen über die Grenze abhauen ... Die sind da besonders streng. Na, habe ich Sie überzeugt? Ich versichere Ihnen, das wird schon für uns keine leichte Aufgabe sein."

Als vernünftiger Mensch konnte ich nur zugestehen, dass ihre Argumente unwiderlegbar waren. Schon allein deswegen, da sie bestimmt die Chefs von der Bank, vom Standesamt und von der Einberufungsstelle persönlich kannte und sie um jeden Gefallen bitten konnte.

„Normalerweise kann sich die Ausstellung eines Reisepasses bis zu einem Jahr hinziehen", trumpfte sie noch einmal auf. „Aber mein Neffe ist so ein flinker Junge, von ihm werden Sie schon in zwei Monaten alle notwendigen Papiere bekommen. Und ... er besorgt Ihnen einen Begleitschutz bis zum Flughafen."

Letzteres war ein nicht zu unterschätzender Zusatz in jenen unruhigen Zeiten, weil immer wieder von Fällen berichtet wurde, in denen Auswanderer merkwürdigerweise ausgerechnet vor ihrer Ausreise von gut informierten Banditen ausgeraubt wurden, die genau wussten, wer wann und mit welchem Zug oder Flugzeug abreiste. Eigentlich waren das die Informationen, über die nur die Meldestelle verfügte. Bezeichnend war an der Sache auch, dass die Freibeuter das ‚Ausnehmen' der ‚Vaterlandsverräter' ebenso wie die Staatsdiener als eine gerechte Sache ansahen, als eine Art patriotischen Akt, der geliebten Heimat die für das Ausland bestimmten Wertsachen durch Raubzüge zu erhalten. Es war schon eine seltsame Übereinstimmung der Gesinnung des Staates und der kriminellen Unterwelt.

Also, ich wollte raus aus dem Land und ließ mich überzeugen. Ich verkaufte alles, was noch in meiner Wohnung war, weil ich das alles sowieso nicht mehr brauchte, bezahlte brav in bar, bestand nicht einmal auf einer

Quittung, und siehe da, nach zwei Monaten wurden mir tatsächlich die Ausreisepapiere ausgehändigt. Eins musste man der uniformierten Dame schon lassen: Sie stand zu ihrem Wort.
Was bei Weitem keine Selbstverständlichkeit war. Es gab Behörden, die im Gegensatz dazu das ganze Verfahren so gut es ging in die Länge zogen, um die Kunden immer wieder aufs Neue ausnehmen zu können.
Auch das mit dem Begleitschutz war kein hinausgeworfenes Geld. Davon konnte ich mich überzeugen, als ich nach zwei Monaten in Begleitung von zwei grimmigen Typen aus dem Büro ihres Neffen, von denen ich bis zuletzt nicht wusste, ob sie mich schützen oder doch noch selbst ausrauben würden, am Flughafen eintraf. Plötzlich tauchte eine Gruppe kräftiger Burschen in schwarzen Laderjacken auf, die mich enttäuscht wie Schlächter eine entgangene Beute musterten, dann meine Bodyguards begrüßten und verächtlich in Richtung meiner Wenigkeit bemerkten: „Na, wieder mit so einem ‚Fritz' unterwegs?" Und es war ihren finsteren Blicken anzusehen, dass sie mir unter anderen Umständen vor dem Flug das letzte Hemd ausgezogen hätten. Die Jungs fühlten sich so sicher, weil sie nichts zu befürchten hatten: Auch die Ordnungshüter hatten nichts als Neid und Missgunst für uns übrig, die wir in ‚den goldenen Westen' abhauten. Uns noch einmal vor dem süßen Leben auszunehmen, sahen auch sie als Kavaliersdelikt an. Und außerdem: Keiner, der schon ein Ticket nach Deutschland in der Tasche hatte, würde dableiben, um jemanden anzuzeigen, noch dazu ohne jede

Aussicht, dass die Miliz überhaupt nach dem Täter fahnden würde. Riskieren, dass das Ausreisevisum ablief und man seinen Flug verpasste? Das war ein Spiel, das die Übeltäter nur gewinnen konnten.

Aber ich hatte, wie gesagt, Glück. Die Dame aus der Passabteilung hatte ihr Versprechen gehalten, dank der Begleitung bin ich ohne irgendwelche Zwischenfälle zum Flughafen gekommen und dann mit dem neu ausgestellten Reisepass in Moskau gelandet.

Sollte jetzt jemand in Deutschland glauben, dass so etwas nur in einer russischen Behörde passieren kann, muss ich ihn leider enttäuschen, denn auch so mancher Deutsche versucht, von den Ausreisewilligen zu profitieren. Jedenfalls hatte ich den Eindruck, als ich eine Woche später bereits in Moskau im Büro eines deutschen Reiseunternehmens saß, das mich nach Deutschland bringen sollte.

Die nette Frau, eine Deutsche, überraschte mich mit der Mitteilung, dass sie mir ein Ticket für den Flug nach Frankfurt erst in einem Monat anbieten könne. Aber wovon sollte ich so lange in einer wildfremden, unheimlich teuren Stadt mit meinen Sachen aus nur einem Koffer leben? Auch zurückzufliegen kam nicht in Frage, weil ich meine Bleibe sowie das ganze Hab und Gut schon verkauft hatte.

Ganz schön mitgenommen saß ich also dort im Vorraum, völlig verzweifelt, als plötzlich auch schon der Retter in der Not vor mir auftauchte. Ein wendiges Männlein, das mich einfühlsam bemitleidete und mir dann seine Hilfe anbot. Er wüsste da einen Ausweg, aber es solle streng unter uns bleiben, er wolle mir aus der Not helfen und wäre bereit, für einen kleinen Aufpreis von zweihundert Dollar ein Ticket nach Frankfurt schon für den nächsten Sonntag zu besorgen. Weil der Monat in Moskau mich viel mehr kosten würde, schlug ich sofort zu, aber unter einer Bedingung: erst das Ticket, dann das Geld. Und was machte der Mann? Er ging durch dieselbe Tür hinein, übrigens ohne anzuklopfen. Und es verging gerade einmal so viel Zeit, wie man brauchte, um ein Ticket auszudrucken, da brachte er es mir schon heraus. Er kassierte bei mir ab und eilte schon dem nächsten Verzweifelten zu Hilfe. Übrigens, in den Gesprächen im Flugzeug nach Frankfurt stellte sich heraus, dass dieser selbstlose Mensch bestimmt einem Dutzend der Passagiere für zweihundert Dollar mit einem Platz in der Maschine geholfen hatte. Da soll mir noch jemand erzählen, er würde die nette Dame aus dem Reisebüro nicht kennen!

Zu den Außerirdischen und zurück

Einem Bundesbürger, der sich zu jeder Zeit an jedem beliebigen Ort der Welt wiederfinden kann, wenn er nur die Lust und das notwendige Kleingeld dazu hat, kann man die Aufgabe seiner Existenz, des Jobs, der Wohnung nur für einen Trip ins Ausland schwer erklären. Man muss schon in einem abgeschotteten Land wie der Sowjetunion oder dem gegenwärtigen Nordkorea gelebt haben, wo man nicht einmal davon träumen kann, jemals in die große Welt hinaus zu kommen, um das nachzuempfinden. Als sich mit Gorbatschows Perestroika plötzlich die vielleicht einmalige Chance dazu ergab, machte ich mich mit meinem Freund Iwan, einem waschechten Russen, sofort auf den Weg aus einem kleinen Städtchen in Sibirien in das ungefähr 8.000 Kilometer entfernte Moskau mit den Botschaften und dem internationalen Flugplatz, wo sich das Tor zur Welt öffnete.
Die Stimmung in der Hauptstadt damals ähnelte wohl der vor dem angekündigten Weltuntergang. Man spürte es in der Luft, es war allgegenwärtig, dass das Land mit der Geschwindigkeit eines Schnellzuges ins bedrohliche Ungewisse raste. Andererseits war plötzlich der ganze westliche Konsum zugänglich und alle wollten, bevor der Vorhang fiel, noch so viel wie möglich davon abbekommen. Es fehlte an Geld und man versuchte mit allen Mitteln, welches zu ergattern. Vieles vorher Unvorstellbare wurde plötzlich möglich, und so quartierten wir uns im Studentenheim der Wirtschaftsakademie Russlands

ein, vorher ein unzugänglicher Tempel der ausgewählten ‚Nomenklatura'[10].

Die deutsche Botschaft in Moskau sah aus wie eine gestürmte Festung mit mehreren Belagerungsringen. Den ersten stellte die undurchdringliche Menschenmenge der Stürmenden selbst dar. Danach bezog die schroffe und selbstgefällige Moskauer Miliz in ihren affigen Uniformen, aber mit Schlagstöcken und Reizgas, Position. Den inneren Kreis bildete die Umzäunung hinter den Sicherheitsbeamten der Botschaft mit Absperrungen und Metalldetektoren. Und irgendwo im Inneren des Gebäudes gab es noch den allmächtigen ‚Computer', der wie ein unsichtbarer Gott alles über alle wusste und entschied, wer nach Deutschland kommen durfte und wer nicht.

So eine Festung im Frontalangriff zu stürmen kam schon deswegen nicht in Frage, weil die ‚Belagerungszeit' durchschnittlich zwei Monate betrug – so lange brauchte man, um nach einer Warteliste in das Gebäude hineingelassen zu werden. Diese Zeit hatten wir nicht, weil das Heim der Wirtschaftsakademie zwar eine noble Adresse war, aber auch seinen Preis hatte.

Also brauchten wir einen Passierschein, und um an diesen heranzukommen, hatte mein Freund sich etwas einfallen lassen, wofür ich ihn bis heute nur bewundern kann.

---

[10] Von der Partei ausgewählter Kreis der Funktionäre für die Besetzung von hohen Posten für Wirtschaft und Verwaltung.

Wir saßen im Café, und mein Freund Iwan, der bestimmt für jeden Geheimdienst der ideale Superagent gewesen wäre, überraschte mich mit seiner Beobachtungs- und Analysebegabung. Mit gedämpfter Stimme vertraute er mir über den Tisch hinweg an: „Du, hör mal, was ich da herausgefunden habe. Der Direktor der Wirtschaftsakademie ist mit dem Kulturattaché der Botschaft gut befreundet."

Ich hielt das erst einmal alles für nutzloses Gequassel und meinte nur sarkastisch: „Gut für den Direktor, der braucht sich wohl nicht monatelang vor der Botschaft in der Schlange zu tummeln."

„Eine weitere Tatsache: Nach meinen Erkenntnissen ist der Direktor gestern für zwei Wochen dienstlich nach Toronto verreist."

„Der Süße hat es wirklich gut auf dieser Welt."

„Und jetzt ein weiteres Puzzleteilchen – in der Zeitung von heute habe ich gelesen, dass der Kulturattaché der deutschen Botschaft gerade für einige Tage zur Eröffnung der deutschen Filmtage in Nowosibirsk eingetroffen ist."

„Was du nicht alles weißt. Nur, bitte sehr, wie soll uns das alles weiter zu unserem Visum verhelfen?"

„Denk mal nach ..." Geheimnisvoll lächelnd meinte mein Freund: „Mensch, versetz dich mal in ihre Lage."

„Oh, das würde ich sehr gerne", meinte ich, erfreut über die gute Perspektive.

„Nein, nicht an ihr süßes Leben sollst du denken. An ideelle Werte, an die große Freundschaft. Wenn du einen dicken Kumpel in der deutschen Botschaft hättest und ein Visum bräuchtest, würde wohl ein Anruf reichen, um einen Passierschein zu kriegen?" Das war bis dahin unschlagbar logisch. „Oder für einen begabten Wissenschaftler, für den der Kulturattaché zuständig ist?"

„Angenommen. Aber umso schlimmer für uns: Der eine ist in Toronto, der andere in Nowosibirsk ..."

„Mein Gott!" Iwan schaute mich an wie der Schöpfer ein so unvernünftiges Wesen wie einen Affen. „Du bist der ‚begabte Wissenschaftler', für den die zwei hohen Herren vor ihrer Abreise einen Termin verabredet haben ..."

„Nein!"

„Das wird keiner nachprüfen können bei dem Zustand unserer Telefontechnik."

„Noch mal, nein", denn ich sollte mich in die Höhle des Löwen begeben.

„Das ist unsere einzige Chance!"

„Aha! Im Knast zu landen ..."

„Nur du kannst dich auf Deutsch mit ihnen verständigen."

Nur das Wissen, dass das vielleicht tatsächlich die einzige Chance des Lebens war, in die große, weite Welt hinauszukommen, veranlasste mich am nächsten Tag, doch noch ans Tor der Botschaft zu hämmern, obwohl mir der kalte Schweiß in Strömen den Rücken herunterlief. Der KGB war gerade nach Ende des Kalten Krieges in die Rechtfertigungsecke gedrängt geworden und nutzte jetzt jede Gelegenheit, seine Notwendigkeit zu beweisen. Da hätte es ganz schnell so kommen können, dass

unsere Reise nach Deutschland irgendwo im Gefängnis von Lefortowo[11] enden konnte.
Ich bearbeitete das Tor so lange, bis irgendwann ein nicht gerade gut gelaunter Wachposten der Moskauer Miliz mit einem Schlagstock das Sichtfenster öffnete.
„Na na, warum denn so ungeduldig?“, meinte er spöttisch.
„Ich bin ein Wissenschaftler aus dem Fernen Osten“, verkündete ich stolz.
„Und sei es ein Penner von der nahe gelegenen Müllhalde, das sagt mir genauso wenig“, erwiderte der Bursche.
„Ich habe ein Gespräch beim Kulturattaché.“
Er schaute mich an wie den Judas auf dem Weg zu seinen 30 Silberlingen, der alle Geheimnisse des Landes zu verkaufen eilte. Er forderte meinen Pass, schloss das Fenster und sprach dann ziemlich lange mit jemandem am Telefon. Mich immer noch misstrauisch musternd, öffnete er irgendwann doch grimmig das Tor mit dem Satz: „Du kannst durch.“
Hätte ich ihn nicht im Rücken gehabt, hätte ich bestimmt einen Rückzieher gemacht und wäre vor Angst Hals über Kopf geflohen. Aus dem Warteraum – einem gläsernen Käfig mit von außen geschlossenen Türen, in dem mich zwei kräftige Burschen vom Sicherheitsdienst beobachteten wie zwei Naturforscher ein seltsames Insekt – war jede Flucht nicht mehr möglich.

---

[11] Das Moskauer Gefängnis im Stadtteil ‚Lefortowo', in dem der KGB gerne auch seine Polithäftlinge eingesperrt hat.

Und als ob ich an diesem Tag noch nicht genug Versuchungen ausgesetzt gewesen wäre, musste mir auch noch Folgendes passieren:
Es war ja so, dass ich noch nie jemanden aus dem ‚Westen' gesehen hatte. Die Leute dort waren für uns so etwas Ähnliches wie außerirdische Wesen. Und ich wusste damals noch nichts von der Existenz greller farbiger Kontaktlinsen. Als plötzlich die Sekretärin des Kulturattachés vor mir stand und mich mit saphirblauen Augen wie die Göttin Shiva einen Sünder lähmte, war meine Überraschung perfekt. Wäre nicht der Gedanke an die vielleicht einzige Chance gewesen, raus aus dem Land zu kommen, hätte ich danach bestimmt voller Reue ein Geständnis abgelegt ...
„Ein Wissenschaftler aus dem Fernen Osten", stotterte ich wie eingeübt.
Das beeindruckte die Blaulichtgöttin nicht.
„Aus dem ganz fernen ..."
Ihr skeptisches Lächeln schien mir zu verraten, dass ich längst als Sünder und Lügner entlarvt war.
„Man fliegt und fliegt mit dem Flugzeug ..." Ich wollte trotzdem nicht aufgeben.
Das Lächeln wurde immer sarkastischer.
„9 Stunden!", verkündete ich so, als ob es das wäre, warum ich in die Botschaft gekommen war.
„Tja, aber was kann ich für Sie tun?"
Erst jetzt erwachte ich aus der Hypnose und merkte, was für wirres Zeug ich redete.
„Michail Semjonowitsch von der Wirtschaftsakademie hat mich zu einen Symposium nach Hamburg beordert.

Und ich soll beim Kulturattaché wegen dem Passierschein vorbeikommen".
„Der Attaché ist in Nowosibirsk", meinte sie. „Und hat mir nichts von Ihnen gesagt."
„Tatsächlich? Aber Michail Semjonowitsch hat mit dem Attaché vor seiner Reise nach Toronto telefoniert und den Termin für heute vereinbart." Ich log immer dreister. „Und das Symposium findet schon übermorgen statt. Die beiden fanden meine Teilnahme unheimlich wichtig." Jetzt war ich untröstlich enttäuscht.
„Ich schau mal, was sich machen lässt." Und sie überließ mich für eine weitere Viertelstunde der Tortur der Beobachtung der Naturalforscher vom Sicherheitsdienst. Jedes Mal, wenn sie, mich misstrauisch beobachtend, zum Telefon griffen, war ich mir meiner Enttarnung sicher. Es kam einer Erlösung gleich, als irgendwann nach einer Ewigkeit die Außerirdische mit einem Zettel zurückkam.
Dieser von dem kosmischen Wesen ausgestellte Passierschein mit dem Bundesadler auf dem Stempel zeigte eine unglaubliche Wirkung. Sogar der Moskauer Milizionär nahm vor ihm auf dem Rückweg Haltung an. Die Damen in der Visa-Abteilung wurden auf einmal gutmütig, und der übermächtige Computer hatte nichts auszusetzen. Irgendwann würde Michail Semjonowitsch im gemütlichen Gespräch mit dem Attaché feststellen, dass der keinen Wissenschaftler aus dem fernen, fernen Osten zu ihm geschickt hatte. Aber zu dieser Zeit wären wir schon im Flugzeug unterwegs nach Hamburg, mit aufgegebener Arbeit und Wohnung in Wladiwostok und den vom noblen Studentenheim aufgebrauchten Geld-

reserven, aber mit dem beruhigenden Wissen, unsere vielleicht einzige Chance, den Flug zum Mars, nicht verpasst zu haben.

Das Spätaussiedler-Wohnort-Gesetz

Nach dem neuen Wohnortgesetz kann ein Aussiedler nicht hinziehen, wohin er will, sondern ihm wird vom Bundesverwaltungsamt ein Wohnort zugewiesen. Und so kann es durchaus vorkommen, dass ein Theater-regisseur in einem Dorf in der Einöde Brandenburgs landet und eine Melkerin in der Banken- und Bänkerstadt Frankfurt, wo man mit der Landwirtschaft nicht viel am Hut hat. Deswegen herrscht im Warteraum der Behörde, die über die Verteilung auf die Bundesländer entscheidet, immer so eine Aufregung und ein Aufruhr, der auch noch dadurch steigt, dass gleichzeitig die Sprachkenntnisse noch einmal überprüft werden: Was heißt, dass es durchaus dazu kommen kann, dass jemand nicht nur nach Mecklenburg-Vorpommern, sondern noch viel weiter fortgeschickt wird, und zwar zurück nach Russland.
Ich fand es schon sehr einfallsreich, wie eine Familie im Warteraum im letzten Augenblick noch zu retten veruchte, was zu retten war:
„Also, konzentrieren wir uns und lassen uns nicht ablenken", verlangte der offenkundig ‚Pfiffigste' von ihnen. „Was kann der Beamte denn fragen? ... Wie man grüßt, wissen wir: ‚Guten Morgen!' Wer wir sind, können wir auch sagen, das heißt ‚Ich bin der und der ...' Was kann so ein Prüfer noch fragen?"
„Die Unterlagen liegen auf dem ...", ließ sich eine Frau vernehmen. „Himmel, wie heißt denn das bei denen?"
Keiner wusste es. Die ganze Truppe begann fieberhaft, in einem dicken Russisch-Deutsch Wörterbuch zu blättern.

„Tisch“, half ich lächelnd weiter.
„Genau, Tisch“, bestätigte das ‚kluge Kerlchen’ freudig und bedankte sich mit einem Kopfnicken für meine Hilfe.
„So, was noch?“ Wie professionelle Kundschafter – was wären gegen sie schon James Bond und Sherlock Holmes?! – versuchten sie, die möglichen Fragen ‚logisch’ vorherzusehen.
„Ein Schreibgerät?“
„Kugelschreiber“, sagte ich wieder vor.
„Etwas zum Abheften?“
„Mappe.“
Außer dem Sprachtest bewegte die Wartenden das bevorstehende Procedere der Wohnortzuweisung. Jeder hoffte, in den wohlsituierten Westen des Landes zu gelangen und fürchtete den von der Wiedervereinigung ausgelaugten Osten. So wollte ein Ehepaar im Vorrentenalter neben mir um jeden Preis nach Bayern kommen, obwohl sie überhaupt keine Vorstellung davon hatten. Aber in Kirgisien, ‚wo der Opa sein Leben lang als Schafhirt gearbeitet hat’, hatte irgendeiner unserer allwissenden ‚Schlauberger’ ihnen eingegeben, dass irgendwo in den Voralpen Schafe gezüchtet werden, und dass man genau dort in seinem ‚Beruf’ Arbeit finden könne. Ich habe natürlich meine Zweifel daran, dass in der Heimat des BMW bei München noch Schafherden weiden, aber mach das mal meinen Landsleuten klar ...
Plötzlich kam aus dem Arbeitszimmer kreidebleich eine junge Frau heraus und ließ sich kraftlos auf einen Stuhl fallen und schrie hysterisch: „Da fahr ich nicht hin! Ich fahr nicht in ihr blödes Düsseldorf, ich will nach Nord-

rhein-Westfalen zu meinen Verwandten!“ Zu ihrer großen Verwunderung stellte sich heraus, dass dieses Nordrhein-Westfalen überhaupt keine Stadt ist, wie sie angenommen hatte, sondern ein Bundesland, und dass die von ihr so vehement abgelehnte Stadt sich genau dort befindet. Sie lächelte verwirrt, trat ein paar Schritte zurück und stürmte außer sich vor Freude aus dem Raum.

Mangelnde Geografiekenntnisse haben auch einen Mann mittleren Alters in die Irre geführt, der strahlend und zufrieden das Zimmer des Beamten verließ. Er setzte die Wartenden stolz darüber in Kenntnis, dass er nicht irgendwohin geschickt würde, sondern nach Frankfurt! Und wie ein Blitz aus heiterem Himmel traf ihn die Mitteilung, dass es in Deutschland zwei Städte dieses Namens gibt, und dass er nicht in das schöne mit dem größten Flughafen Europas, auf dem er angekommen war, fahren sollte, sondern in das andere, an der polnischen Grenze. Er empörte sich lange darüber, dass man ihn betrogen habe und dass man so mit einem Menschen nicht umgehen könne. Doch die Dokumente waren ausgestellt, und es blieb ihm nichts anderes übrig, als seine Sachen für die Fahrt packen zu gehen.

Die Gruppe des ‚klugen Kerlchens’ wurde durch eine Nichtigkeit entlarvt: Sie waren gebeten worden, ein Dokument zu unterschreiben, sie hatten es nicht verstanden, und so wurden sie erbarmungslos irgendwohin in die thüringischen Wälder geschickt.

Der eigentlich ganz erträgliche, nicht sehr große Beamte der Migrationsbehörde musste so über meinen altschwäbischen Dialekt lachen, der nur in Russland erhalten geblieben ist, dass er mich stante pede nach Berlin schickte.

„Sollen sich die Preußen den Kopf darüber zerbrechen", sagte dieser Schwabe und rieb sich zufrieden die Hände. „Die haben ja sonst nicht viel zu tun ..."

Und so kam ich in den Bus mit den zukünftigen Hauptstadtbewohnern aus Kasachstan, Kirgisien, dem Hohen Norden, Sibirien und dem Fernen Osten, Goldgräbern, Hochseefischern, Waldbrandlöschern und Viehzüchtern, der uns ins Aufnahmelager nach Berlin-Marienfelde brachte.

Aus Sibirien nach Berlin

Als ich mich Anfang März auf den Weg aus Sibirien nach Deutschland machte, sanken die Temperaturen unter minus 40 Grad. Ein wilder Schneesturm tobte wie aus einem Irrenhaus ausgebrochen. Wir fanden mit Mühe den Weg zum Flughafen.

In Marienfelde in Berlin hingegen strahlte herrlich die Sonne vom blauen Himmel, alles stand schon in Blüte, die Vöglein zwitscherten voller Frühlingsfreude, als ich mich aus dem Aufnahmelager zum ersten Ausflug in die Stadt entschied. In meinem prächtigen Pelzmantel und der Pelzmütze kam ich den Berlinern wahrscheinlich wie ein Polarforscher vor, der zufällig auf dem Weg in den hohen Norden über ihrer Stadt aus dem Flugzeug gefallen war. Vorsichtshalber wechselten sogar einige Passanten die Straßenseite.

Verängstigt von den sowjetischen Propagandafilmen über den Kapitalismus, der als ‚Dschungel der Gesetzlosigkeit' galt, traute ich mich den ersten Tag nicht aus dem Flüchtlingslager. Da sollten doch die Mafiosi auf offener Straße mit Maschinenpistolen nur so um sich ballern und sich nachher, wie es hieß, bei der durchaus ‚korrupten Justiz' freikaufen. Dies dauerte so lange, bis ich mit dem Schäfer aus Kirgisien zusammenkam, der mir schon im ersten Lager begegnet war und der vor nichts Angst hatte und selbst der rauesten Natur trotzen konnte. Dieser machte mir Mut. Derselbe Beamte aus Baden-Württemberg war dem Wunsch des Schäfers entgegengekommen und hatte ihn in die Hauptstadt beor-

dert, weil es angeblich „unter den Preußen viele Schafe gäbe“ und er damit eine gute Chance hätte, „einen Job in seinem Beruf zu finden“.
Auf den Weg nahmen wir nur Kleingeld mit, schließlich würden wir ja sowieso ausgeraubt werden! In die Außentasche steckten wir nur einen Zwanzigmarkschein. So soll es mal in einem Buch über den Kapitalismus gestanden haben. Im Falle eines Überfalls solle man dem Banditen mit den Augen andeuten, wo sich das Geld befände, damit man nicht in die Innentasche zu greifen brauche: Er könnte ja denken, man greife nach einer Pistole, und würde einen für nichts und wieder nichts niederstrecken.
Trotz aller Vorsicht verließen wir das Lager wie zwei Delinquenten, die auf dem letzten Weg zum Schafott waren. Verängstigt die Köpfe eingezogen, waren wir bereit, nach jeder Aufforderung sofort die Hände zu erheben.
Schon am ersten Zeitungskiosk mussten wir feststellen, dass wir uns mit den Einheimischen nicht verständigen konnten. Aufmerksam hörten wir der Verkäuferin zu, die uns zu erklären versuchte, wo wir die nächste S-Bahn-Station finden konnten. Und ... verstanden kein Wort. Wir baten sie, alles noch einmal zu wiederholen. Und wieder verstanden wir nur Bahnhof. Bitte noch einmal!
Jetzt erst ging ihr ein Licht auf.
„Aha, Sie sind wohl keine Berliner?“, und sie begann, in einem verständlichen Deutsch zu reden. Ich fragte, in welcher Fremdsprache sie vorher gesprochen hätte.
„Berlinerisch“, gestand sie lächelnd.

Schweren Herzens mussten wir schon damals feststellen, dass wir zu unserem kärglichen Hochdeutsch in dieser Stadt wohl noch eine zusätzliche Sprache erlernen müssten.
Auf dem Bahnsteig überraschte uns der Fahrkartenautomat mit dem Rätsel, welche von den zwei Dutzend Kartenarten aus dem Sortiment für uns die richtige sein würde. Und wie man sie aus ihm hervorzaubern könnte. Wir versuchten mit Hilfe der Anweisung dahinterzukommen, konnten uns aber nicht darüber klar werden und verhaspelten uns endgültig. Also waren wir wieder auf die Hilfe eines Berliners angewiesen. Und wieder verstanden wir kein Wort aus der Erklärung dieses netten Menschen. Wir äfften aber alle seine Bewegungen nach und entlockten der Ticketsphinx endlich die begehrten Karten.
Zum Glück fuhr diese eigenartige U-Bahn, die sich S-Bahn nennt, nicht im Untergrund, sondern oberhalb der Stadt, und man konnte sich, aus den Fenstern schauend, einen beliebigen Platz zum Aussteigen aussuchen. Wo es nur so funkelte von Neonlichtern und Reklamen – so stellten wir uns damals das Herz einer echten kapitalistischen Stadt vor.
Als wir an der Haltestelle ‚Zoo' anlangten, waren wir zunächst irritiert, erinnerten uns aber an den ‚Dschungel' und die Wildheit des Kapitalismus, fanden diese Benennung zutreffend und wagten einen Sprung in das feindliche Hinterland.
Da war er also, der ‚verwesende' Kapitalismus! Der ‚verdorbene' Westen! Auf eine Menge noch nie gesehener

Dinge stießen wir unterwegs. Zum Beispiel – auf die uns nur aus Filmen bekannten Parkuhren. Voller Neugierde blieben wir vor der erstbesten stehen, warteten bis die Straße leer war, und drehten dann an einem Hebel hin und her, um zu begreifen, wie das Gerät funktionierte.

Am Anfang fühlten wir uns etwas unwohl wegen unserer unangemessenen Kleidung. Dann aber merkten wir, dass die uns entgegenkommenden Leute nicht weniger merkwürdig gekleidet waren. Zum Beispiel die Punker mit ihren bunten Frisuren. Oder einige Passanten in Jeans mit zerfetztem Hosenboden. Oder Männer mit Ringen im Ohr, bei manchen sogar in der Nase oder an den Brauen. Mein Freund hatte prompt eine Erklärung dafür: „Das sind die Schwulen. Nur denen kann es einfallen, sich wie Frauen mit Ringen zu schmücken."

Aber schon bald zweifelte er selbst an seiner leichtfertigen Theorie, weil man danach hätte annehmen müssen, dass es in dieser Stadt bald gar keine heterosexuellen Männer außer uns beiden mehr gab.

In Spannung hielt uns auch das verdammte Warten auf einen unvermeidlichen Überfall. Mit misstrauischen Blicken taxierten wir jeden Vorübergehenden in der Vermutung, dass er bestimmt der lange erwartete Gangster war.

Zu unserem Missgeschick stießen wir auch noch auf einen Waffen-Shop. Nur ein Blick ins Schaufenster reichte aus, um auf der Stelle zu bereuen, dass wir unser Heim verlassen hatten. Was es da nicht alles gab, angefangen von Pistolen bis hin zu den aus dem Mittelalter stammenden Armbrüsten und Speeren ... Das

hatte uns so sehr eingeschüchtert, besonders meinen leichtgläubigen Freund vom Lande, dass er sich schon bald ganz gut blamierte. Als ihm vor einer roten Ampel im Menschengedränge ein Regenschirm in den Rücken stieß, riss er sofort die Hände hoch in der Überzeugung, dass dies ein Waffenlauf sei. Gott sei Dank nahmen es die Leute als einen gelungenen Witz auf. Aber meinem Freund war in diesem Moment nicht zum Lachen, trotz aller Entschuldigungen der Schirmbesitzerin.
Doch mit der Zeit ließ bei uns die Spannung nach, und wir schauten die Leute auf der Straße mit einem freundlichen Lächeln an, als wären sie langjährige Bekannte.
Aber mit der Sünde sah es hier, wie sich herausstellte, noch schlimmer aus, als uns vorher mitgeteilt worden war. Schon an den Zeitungskiosken schoss uns Neulingen beim Anblick der Fotos nackter Frauen auf den Titelseiten der bunten Magazine die Röte ins Gesicht. Was wir aber danach in einem ‚Sex-Shop' zu sehen bekamen, überstieg all unsere kühnsten Vorstellungen. Zum Beispiel das Wandregal mit einer langen Reihe strammstehender Phallusse aus Kunststoff in jeglicher Form und Farbe.
Schwer beeindruckt von dem Gesehenen zogen wir verwirrt den Bürgersteig entlang, auf dem uns stets Radfahrer überholten und uns derb beschimpften. Das dauerte so lange, bis einer von ihnen vor uns anhielt und uns aufklärte, dass wir auf dem Fahrradweg einhertrotteten, und dass der Fußgängerweg daneben sei.
Mit den Wegen kommt hier sowieso kein Mensch zurecht, dachten wir und waren fast zu Tode erschrocken,

als plötzlich vor uns ein Schild mit der Warnung ‚Privatweg' auftauchte, wussten wir doch, wie hart die Verletzung fremden Eigentums von den Kapitalisten bestraft wird – sogar Schäferhunde sollen auf die Leute gehetzt worden sein. Verängstigt schauten wir uns um – vermuteten wir doch, dass irgendwo schon der Eigentümer lauerte, um uns der Polizei auszuliefern. Dann galoppierten wir über den Rasen weg vom Ort des Geschehens.

Weiter meisterten wir den Weg auf folgende Weise: Auf den gemeinnützigen Flächen marschierten wir stolz und selbstbewusst, die privaten mieden wir durch Gebüsch und Blumenbeete. Bis wir plötzlich in eine Sackgasse gerieten, wo wir erst am Ende erfuhren, dass der Weg zurück ein privater war. Wie aufgeschreckte Diebe retteten wir uns vorerst auf eine Abwasserluke und glotzten dumm auf das trostlose Gebäude gegenüber – als ob wir deren Architektur bewunderten. In der Tat aber warteten wir, bis der Weg zurück frei von Passanten war. Danach stürmten wir in Richtung der nächstliegenden Kreuzung. Meinem älteren Freund gelang dieser Spurt nicht so einfach. Keuchend wollten wir uns endlich Klarheit verschaffen über dieses ‚Wegeigentum' und überraschten damit eine ältere Dame:

„Gewiss dürfen Sie den Rasen betreten!" Erstaunt über unsere Frage klärte sie uns auf. „Sie können sich sogar hinlegen und mit den Füßen strampeln. Nur das Auto dürfen Sie hier nicht parken, weil es jemandem die Zufahrt zur Garage behindern könnte."

Trotz aller Befürchtungen wurden wir an diesem Tag nicht ausgeraubt. Nicht einmal in einem verdächtigen

Viertel, in das wir uns verirrt hatten. Der Himmel bezog sich mit bleischweren Wolken, ein eiskalter Wind trieb durch die Gegend; jetzt blickten wir schon hochmütig aus unserer Pelzmantelpanzerung auf die leicht gekleideten Hauptstädter. Und nun begegneten wir in einer menschenleeren Straße einem uns aus den sozialistischen Zeitungsberichten sattsam bekannten Obdachlosen, der sich vor einer verriegelten Tür einen Platz zum Übernachten einrichtete. (In der Sowjetunion standen alle Türen in den Häusern immer offen, auch für Penner, die die Heizkörper im Flur der Straße vorzogen.)
Der Obdachlose, für den wir ein enormes Mitgefühl empfanden, war aber abschreckend besoffen, schimpfte um sich herum und munterte sich ab und zu mit einem Schluck aus einer Flasche mit billigem Schnaps auf. Als er das Mitleid in unseren Augen bemerkte, forderte er von uns noch Geld. Das war dann doch zu viel für uns, die wir selbst keins hatten. Als wir ihm das erklärten, beschimpfte er uns als Hurensöhne, und dass wir uns unser Mitleid in den Arsch stecken sollten.
Trotzdem schauderte es uns in unseren Pelzmänteln, als wir uns vorzustellen versuchten, wie man bei diesem eiskalten Wind hier übernachten konnte. Wer wusste schon, was uns Aussiedler hier noch alles erwartete? Diese düsteren Gedanken ließen uns den ganzen Weg zurück nicht los und wir beschleunigten unsere Schritte, um schneller zum Wohnheim zu kommen. Wir wollten uns möglichst schnell davon überzeugen, dass wir zumindest an diesem Tag noch ein Dach über dem Kopf hatten.

Halunken aus den eigenen Reihen

Nachdem uns die Einreisebehörde auf Landesebene noch einmal zwei Wochen lang auf Herz und Nieren geprüft hatte, ob wir tatsächlich die Voraussetzungen zur Einwanderung erfüllen, wurden wir endlich als Aussiedler anerkannt und mussten schnellstmöglich raus aus dem Aufnahmelager in Marienfelde in eines der zahlreichen Heime für Flüchtlinge, Asylbewerber und Aussiedler. Nach einem einen Monat langen Nomadenzug durch verschiedene Aufnahmestationen und -lager würde das unsere letzte Station sein auf dem Weg von der Wohnung, die wir in Russland zurückgelassen hatten, zu den eigenen vier Wänden hier in Deutschland.

Den Umzug aus dem Übergangslager in das Heim umgab ein solcher Schleier des Geheimnisvollen, als ginge es um eine streng geheime militärische Operation. Am nächsten Tag sollten wir erst direkt vor der Abreise erfahren, welchen Wohnort man uns zugewiesen hatte. Wahrscheinlich aus Angst, dass wir uns schon in der Nacht mit dem Küchengeschirr und der Bettwäsche des Heimes unkontrolliert absetzen könnten.

Und so liefen mein neuer Freund, der Schafhirt, und ich am nächsten Morgen in voller Montur vor dem Eingang der staatlichen Einrichtung auf und ab, jederzeit bereit, den Gewaltmarsch sofort anzutreten. Aber es dauerte und dauerte, und die Sonne heizte inzwischen immer unbarmherziger. Wir lächelten einander nur leidend an: Für dieses Wetter waren wir in unseren Pelzjacken und Pelzstiefeln aus Sibirien mehr als unpassend gekleidet.

Natürlich hätten wir die verdammten Pelzjacken längst ausgezogen, doch wo hätten wir sie in unseren übervollen Koffern noch unterbringen sollen?
Dann passierte uns noch ein kleines Abenteuer. Nach alter ‚sowjetischer' Gewohnheit, stets und ständig wachsam vor einem Diebstahl zu sein, platzierten wir unsere Habe unter dem Fenster des zu dieser frühen Stunde friedlich schlafenden Wachmanns. Aber auch das erschien uns nicht genug, und so weckten wir ihn mit der Bitte, darauf ‚aufzupassen'. Verschlafen, wie er war, begriff er nicht gleich, was wir von ihm wollten, dann stieß er einen deftigen Fluch aus und wies uns an, die Sachen möglichst weit fortzuschaffen, damit sie ihm nicht die Sicht versperrten. Danach brummte er noch lange vor sich hin: „Wer braucht denn eure Lumpen schon? Doch höchstens eure eigenen Gauner ..."
Dass wir aus Russland kamen, konnte man wohl mühelos schon an unserem äußeren Erscheinungsbild erkennen. Deshalb sprach der pfiffige junge Mann, der plötzlich vor uns aufgetaucht war, auch wie selbstverständlich Russisch, als er uns seine Dienste anbot: „Jungs, wo soll ich euch hinbringen?" Wir waren etwas irritiert, weil wir das nicht erwartet hatten, kamen aber recht schnell wieder zu uns.
„Wie viel willst du?"
„Hundert Euro."
„Dreißig", begannen wir aus alter Gewohnheit zu handeln, und es war nicht vergeblich.
Wir einigten uns auf fünfundvierzig, wenn auch per Vorkasse.

Überhaupt hatte sich in Deutschland in der letzten Zeit ein ganzer Dienstleistungssektor für Neuankömmlinge herausgebildet, der unseren Landsleuten, die vor uns hier sesshaft geworden waren, ihr Auskommen sicherte. Er erlebte nun offensichtlich einen Boom, denn was wurde uns in den drei Tagen unseres Aufenthalts im Lager nicht alles angeboten: ein Lehrbuch ‚Wie man im Schlaf mit den Unterrichtsmethoden für KGB-Spione die deutsche Sprache erlernt', wo man die Broschüre ‚Ratgeber für alle Lebenslagen für Aussiedler in Deutschland' kaufen könne, die kostenlos verteilt wurde, sowie eine Lebensversicherung, ohne die es verboten sei, sich auf deutschem Boden auch nur einen Schritt weit zu bewegen. Ganz zu schweigen von den zahllosen Adressen von Übersetzungsbüros und Sprachschulen – selbst auf den Toiletten hingen diese Anzeigen.
Schließlich wurden wir hineingerufen und militärisch lakonisch wurde uns die Adresse des Heims mitgeteilt. Dann wurde uns ein Plan der Berliner U-Bahn mit einem Kreuz an der Station ausgehändigt, an der wir aussteigen mussten, und ein Begleitpaket für die Heimverwaltung. Und wohl damit uns unterwegs die Zeit nicht lang würde, gab man uns einen Stapel Formulare, die wir in diesen ersten Tagen gerade schafften auszufüllen. Ihr Umfang ließ viele unserer ‚Stummen' (das russische Wort ‚nemcy' für ‚Deutsche' leitet sich von ‚nemoj', ‚stumm', ab, d. h. von denjenigen, die der Landessprache nicht mächtig waren) fast in Ohnmacht fallen.
Da der Beamte, der uns die Fragebögen aushändigte, gesagt hatte, es habe mit dem Ausfüllen keine Eile, leg-

ten wir sie seelenruhig in eine Mappe. Doch unser ‚Taxifahrer' bekam auf einmal schreckgeweitete Augen und begann uns nahezulegen, dass man niemandem ‚in diesem Büro' trauen dürfe, dass man dort versuchen würde, uns für dumm zu verkaufen, und dass diese Fragebögen keinen Aufschub duldeten. Wie ein professioneller Schauspieler verfiel er bald in schallendes Gelächter angesichts unserer Naivität, bald schilderte er uns die fürchterlichen Folgen einer Verzögerung. All das tat er so überzeugend, dass wir ihm nicht nur glaubten, sondern ihn anflehten, für uns einen Übersetzer zu suchen, der über einen Stempel verfüge, um Übersetzungen zu beglaubigen. Wieder spielte er uns etwas vor, indem er seine uneingeschränkte Bereitschaft zum Ausdruck brachte, sich aus reiner Solidarität (wir waren schließlich Landsleute) aufzuopfern. Und nachdem er en passant noch etwa fünf solcher amen Teufel, wie wir es waren, angeheuert hatte, brachte er uns auf verschlungenen Pfaden in eine Nebenstraße. Er sprach lange mit irgendjemandem durch eine Tür hindurch, bis eine nicht mehr junge Dame mit habgierigem Blick öffnete.

Sie zog die Stirn unwirsch in Falten und atmete schwer, als sie unsere Geburtsurkunden betrachtete, als hätten wir ihr Gott weiß was für ein schwieriges chinesisches Dokument untergeschoben. Sie ließ sich überreden, sich ‚herabzulassen', etwas für uns zu tun, doch nur aus Achtung vor unserem ‚Taxifahrer', den sie als ‚anständigen Menschen' kenne. Schließlich willigte sie ein, die Übersetzungen für sage und schreibe 30 Mark pro Seite anzufertigen.

Diese Preise ließen uns natürlich das Blut in den Adern gefrieren. Doch es war nichts zu machen: Mit einer so unzugänglichen Person wie unserer Übersetzerin war nicht zu feilschen. Wir willigten ein.
Als Kenner der Materie, der weiß, wie sehr ein Computer einem die Arbeit erleichtern kann, wunderte es mich nicht, dass es sie ganze fünf Minuten kostete, unsere Namen in die fertigen Übersetzungsmasken einzutragen. Sie nahm jedem von uns hundert Mark ab, ohne mit der Wimper zu zucken, und hielt ihre Rolle die ganze Zeit über durch. Bis zum Schluss tat sie, als hätte sie uns einen großen Gefallen getan.
Dass wir uns völlig unnötig beeilt hatten, begriffen wir, als wir dem Beamten gegenübersaßen, der uns ansah, als wären wir verrückt, und sich weigerte, die Dokumente vor Ablauf einer Woche entgegenzunehmen. Wir begriffen auch, dass die Übersetzerin und der ‚Taxifahrer' sehr gut miteinander auskamen, denn als Wechselgeld erhielt ich von ihm eben jenen Fünfzigmarkschein, mit dem ich gerade die Übersetzungen bezahlt hatte. Und dass man Übersetzungen auch für ein Drittel des Preises bekommen konnte, erfuhren wir wenig später aus einer Emigrantenzeitung.

Ohne Schuld hinter die Mauer

Jetzt, wo ich schon seit einiger Zeit in Deutschland lebe, wird mir von so manchen aufgebrachten Mitmenschen ab und zu vorgehalten, dass die Aussiedler angeblich gleich nach der Überquerung der Grenze von der Regierung ein Häuschen auf Kosten des Steuerzahlers gebaut kriegen. Pustekuchen! Alles nur neidisches Gerede. In einen Blechcontainer hinter einem zwei Meter hohen Zaun und zwei Reihen Stacheldraht darüber kommt man! So sah jedenfalls unser Heim für Flüchtlinge, Asylbewerber und Aussiedler aus, zu dem mich der Taxifahrer letztendlich brachte, der sich dann als Halunke erwies. Auf den ersten Blick wirkte das Ganze wie ein Gefängnis oder eine Irrenanstalt, in die man eingeliefert wird, ohne ein Verbrechen begangen zu haben und obwohl man bei vollem Verstand ist. Es erscheint einem jedoch nur auf den ersten Blick so schlimm: Immerhin hat man jederzeit Freigang, wenn man sich an der Wache mit einem gültigen Passierschein ausweisen kann.

Es wird einem eine 14-Quadratmeter-Zell... pardon, Zimmer zugeteilt, in dem man mit all seinem Hab und Gut in einem Köfferchen sein Leben neu anfangen muss. Und dass es nicht viel ist, was da neben den paar Erinnerungsstücken aus dem vergangenen Leben reinpasst, das merkt man schon ganz schnell. Will man sich am nächsten Tag zum Beispiel den gewohnten Morgenkaffee aufsetzen, hat man schon drei Probleme auf einmal.

Erstens fehlt der Kaffee selbst, dann hat man keine Kaffeemaschine, um ihn zu kochen, und letztendlich nicht einmal die Tasse, aus der man ihn trinken könnte. Okay, sagt man sich, dann mache ich mir eben einen Tee, um dann wiederum festzustellen, dass man keine Teekanne hat und dann wieder der Reihenfolge nach keine Teetasse und nicht mal einen Teelöffel, mit dem man den Zucker umrühren könnte, den man, genau genommen, auch nicht hat. Nicht mal die tägliche Suppe ist einem sicher, weil einem wiederum der Topf, ein Teller und ein ganz profaner Schöpflöffel fehlen.
So merkt man plötzlich, von wie vielen selbstverständlichen Dingen man in seinem Alltag abhängig ist, die einem gar nicht auffallen und die man dann schmerzlich vermisst, wenn sie nicht mehr da sind.
„Aber das ist ja alles nur vorübergehend, für ein paar Tage", bekommt man gesagt. Schön wäre es, leider kann sich das Nomaden-Heimleben manchmal über Monate und Jahre hinziehen, weil es vor allem einem Migranten gar nicht so leicht fällt, eine Wohnung zu finden, um aus dem Heim herauszukommen: Wer will schon einen Mieter, der schlecht Deutsch spricht, keinen Job hat und kein Geld, um die Miete zu bezahlen? Monate oder auch Jahre, in denen man am Abend ohne seine Lieblingscouch vor dem Fernseher oder die Stereoanlage mit den Lieblings-CDs und andere angenehme Sachen auskommen muss, die das Leben lebenswert machen.
Und trotz aller Unbequemlichkeiten freut man sich nach dem langen Nomadenzug durch Hotels und Aufnahme-

lager, etwas für die nächste Zeit Stabiles zu haben, wo man erst einmal seine Sachen auspacken kann und endlich eine Postanschrift hat. Als Alleinstehender hat man es in einem eigenen Zimmerchen noch relativ gut im Vergleich zu denen, die mit der ganzen Familie und drei Generationen gekommen sind und alle zusammen auf so engem Raum ausharren müssen. Man hat da nicht nur kein Privat-, sondern auch kein Intimleben. Okay, um meines ist es ohne Frau und mit einer Wohnung hinter Stacheldraht sowieso schlecht bestellt, aber mein Nachbar hat eine Frau, und was nützt es ihm? Er kann trotzdem monatelang nicht mit ihr schlafen, weil jeder Ton aus dem Ehebett von den Kindern und der Schwiegermutter belauscht wird.

Man wohnt zusammen mit Nachbarn aus allen Herren Ländern, mit ihren Sitten und Gewohnheiten. Die aus dem Süden sind es gewöhnt, bis tief in die Nacht zu feiern, die aus Afrika mögen es ein bisschen lauter und mit Trommeln – und was für den einen die leisesten Töne sind, ist für den anderen ohrenbetäubender Lärm. In einer Ecke tönt aus den Lautsprechern das russische ‚Kalinka', in der anderen orientalische Musik. Und weil man hier, auf dem Abstellgleis des Lebens, erst einmal viel Zeit für sich hat und kein Geld, um in die Stadt zu gehen, bleibt einem auch nichts weiter übrig, als zu Hause zu feiern.

Genauso international wie mit dem Feiern geht es auch in unserer gemeinsamen Küche zu. Ich will gar nicht wissen, was dem Geruch und der Zubereitungsweise nach bei meinem Nachbarn in den Topf kommt, obwohl meine

Vorliebe für Schweinefleisch, Knoblauch und Zwiebeln auch bei Weitem nicht alle Heimbewohner begrüßen.
Meist sind das keine Städter, sondern Leute vom Lande, gewöhnt an ein Leben im Freien und in unmittelbarer Nähe zur Natur. Und wie es so auf dem Dorf üblich ist, ruft man dem Nachbarn mal ein paar Grüße über den Hof oder über das Feld zu, woraus sich dann ein halbstündiges Gespräch über das Wetter und die Aussichten für die Saat entwickeln kann. Man findet einfach nichts Ungewöhnliches an dieser Art der Kommunikation auf Zuruf, deswegen kommt man gar nicht auf den Gedanken, ein paar Schritte auf den anderen zuzugehen, damit man nicht so schreien und das ganze Heim das Gespräch mitanhören muss. Gewöhnt an diese Unterhaltung aus der Ferne, sprechen die Leute sogar bei einer normalen Unterhaltung unheimlich laut, genauer gesagt, sie schreien sich wie Schwerhörige untereinander an, und genauso unheimlich laut lachen sie auch, spucken, niesen, und gleichermaßen ohrenbetäubend schnarchen sie dann nachts.
Das Leben im Heim hat jedoch auch seine guten Seiten. Du erfährst aus erster Hand von den erfahrenen Wohnheimbewohnern, was man als Migrant im neuen Land so zu beachten hat. Wie das eine oder andere Formular ausgefüllt werden muss, was hier wie wo langläuft. Aber das ist kein richtiges Leben, sondern eins an der Zwischenstation, aus der man so schnell wie möglich in Richtung Endziel herauskommen muss.

Auch die Reichen haben Sorgen

Ich persönlich bin gut mit all meinen Habseligkeiten in einem kleinen Köfferchen, in dem zwei dicke Wörterbücher und ein Fotoalbum die wertvollsten Sachen darstellten, nach Deutschland gekommen. Allerdings hatte ich auch gar keine Chance, irgendein Stück mehr mitzunehmen. Die Kosten für den Transport eines einzigen Containers aus dem fernen Sibirien hätten mein ohnehin bescheidenes Vermögen um ein Vielfaches überstiegen. Andere Leute, die viel kürzere Wege zu überwinden hatten, weil ihre Abfahrtsorte weniger weit von Deutschland entfernt waren, hatten da ganz andere Sorgen. Sie schlugen sich monatelang mit der Frage herum, was und wie viel sie für ihre Reise ohne Wiederkehr in den kleinen Container stopfen sollten.
Das Schlimmste war doch die eigene Ungewissheit und die ärgerliche Erfahrung, dass niemand so richtig wusste, was in Deutschland gerade gefragt und gebraucht wurde. Das machte jede Entscheidung zur Qual. Und dann erst die Gerüchte. Sie schossen wie Pilze aus dem Boden und geisterten – eins wilder und unerhörter als das andere – durch die Gegend. Plötzlich hieß es, Bettfedern seien in Deutschland sehr viel wert, und mir nichts, dir nichts schnellten die Preise für Geflügelfedern in astronomische Höhen, während sich die Zollbeamten an den Grenzen darüber wunderten, was für federgewichtige, ‚nichts wiegende' Container nach Deutschland verschickt wurden.

Doch es dauerte nicht lange, da gellte es wie ein Schrei: „Alles Quatsch mit den Federn! Zwischen Oder und Rhein gibt es die wie Sand am Meer. Bettbezüge, Leute, Bettbezüge sind der Renner!" Und wieder brachen die Preise alle bestehenden Rekorde, und die Behörden trauten ihren Augen kaum: Im Durchschnitt mehr als 30, 40 Laken, Kissen- und Deckenbezüge verstauten daraufhin die Auswanderer in ihren Containern. Das ging so lange, bis eine Stimme aus der Ferne forderte: „Macht keinen Unsinn, die deutschen Decken passen überhaupt nicht in die russischen Bettbezüge, und die Laken werden hier sowieso über die Matratzen gespannt." Das musste man sich erst mal vorstellen, was für Sibirer fast unmöglich war, weil man dort so etwas noch nie gesehen hatte.

Onkel Kaspar, mein neuer Nachbar im Aussiedlerwohnheim, hatte geglaubt, seinen eigenen Ausweg aus dieser Klemme gefunden zu haben. In einer dieser vielen langen schlaflosen Nächte, in denen seine Gedanken immer wieder um das quälende Thema „Was nehme ich bloß mit?" kreisten, waren ihm zufällig die Idee gekommen und die Lösung eingefallen. Doch weil er den Preistanz um die Federn und Laken miterlebt hatte und auch das Brodeln der Gerüchteküche, entschloss er sich, seine Entdeckung erst einmal für sich zu behalten und nach außen hin ganz still zu sein. Den entscheidenden Denkanstoß für seinen Clou hatte er übrigens durch einen eher nebensächlichen Satz erhalten, der in einem der damals noch seltenen Briefe aus Deutschland gestanden hatte. Eine unauffällige Anmerkung am Rande

des Textes, der Onkel Kaspar anfangs keinerlei Bedeutung beimaß und ihr deshalb auch kaum Aufmerksamkeit schenkte. In diesem Brief aus dem fernen Land beklagte sich ein Auswanderer so nebenbei, dass er – als er einen Nagel in die Wand schlagen wollte – sage und schreibe zehn D-Mark hinblättern musste, um sich im Geschäft erst einmal einen Hammer zu kaufen. „Das glaubt Ihr nicht“, schrieb er, „zehn Mark für einen einzigen Hammer.“ Nicht auszudenken, wenn er gar ein Beil oder eine Axt benötigt hätte. Die wären ihn sogar noch doppelt so teuer gekommen, denn ‚Werkzeug', so schloss er, „ist hier sauteuer, aber ansonsten ist Deutschland ein wunderschönes Land“.
„Wunderschön, aber sauteuer“, hämmerte es Onkel Kaspar im Kopf herum, und dann – mitten in der Nacht, wie gesagt – machte es ‚Bingo!' und sie war ihm gekommen: die Eingebung, die Erleuchtung, die Entdeckung. Und die plötzliche Erinnerung an seinen Dorfladen, in dem derselbe Hammer, von Rubel in DM umgerechnet, nur 10 Pfennig kostete. „Das wäre ja“, rechnete Onkel Kaspar – und Hände und Füße reichten zum Zählen nicht aus – „das wäre ja ein hundertfacher Gewinn!“ Aber noch atemberaubender sahen die Gewinnaussichten bei den Beilen aus, die in dem russischen Geschäft ebenfalls für ganze 10 Pfennig pro Stück zu haben waren. „Da könnte man sogar mit dem zweihundertfachen Gewinn rechnen“, frohlockte der gewiefte Fuchs. Und vor Aufregung trat ihm unvermittelt der Schweiß aus allen Poren, denn er fragte sich auch: „Warum haben das bloß die anderen noch nicht gemerkt? Hoffentlich fällt das jetzt nicht noch jemandem ein ...“

Gleich am nächsten Morgen erkundigte sich Onkel Kaspar im Dorfladen so, als würde es ihn nur beiläufig interessieren, ob und wie gut denn in diesem Jahr die Eisenwaren gingen. Voll innerer Genugtuung nahm er die Auskunft der Verkäuferin zur Kenntnis, dass alle Lager voll seien. Um nicht gleich aufzufallen, kaufte er zuerst nur zwei Beile und einen Hammer, weil ein zweiter Hammer in einem Haushalt nicht nötig oder zumindest ungewöhnlich wäre und er damit nur unnötig Verdacht erregt hätte.
Am Nachmittag machte aber er sich auf den Weg in entfernter gelegene Dörfer, um in deren Geschäften die Regale zu plündern. Alles, was nach einem Spaltbeil, Vorschlaghammer oder Brecheisen aussah, wurde komplett ausgeräumt. Zu Hause angekommen, lud er heimlich, still und leise und streng darauf bedacht, dass auch ja keiner etwas bemerkte, seine Anschaffungen im Hinterhof aus. Und so war es auch zu erklären, warum die Dorfbewohner außer einem erbarmungslos überladenen Auto, das jedoch im Dorf nichts Ungewöhnliches war, überhaupt nichts Verdächtiges bemerkt hatten. Trotzdem ist es unmöglich, in einer ländlichen Gegend irgendetwas auf Dauer zu verbergen. Irgendwann erreichten dann auch die ersten Gerüchte über einen Verrückten das Dorf, der in den Werkzeugläden der Umgebung Jagd auf Eisenwaren machte. Für Onkel Kaspar war das Warnsignal und Ansporn zugleich, seine Einkäufe zu beschleunigen und seine Fahrten zu intensivieren.
Obwohl alle über diese wunderliche Geschichte lachten wie über einen guten Witz, begaben sich die vorsichtigen

Bauern doch vorsorglich in das Geschäft, um sich noch dieses Beil oder jenen Hammer zuzulegen. Sie wussten aus Erfahrung, dass in diesem Land solche Gerüchte immer typische Vorläufer von sattsam bekannten Warenknappheiten waren. Als dann auch noch die Bewohner der entfernten Nachbardörfer den Laden des ersten Dorfes stürmten, um ebenfalls Beile, Hämmer, Brecheisen und so weiter zu kaufen, brach im wahrsten Sinne des Wortes eine regelrechte Torschlusspanik aus, und im Nu war das Werkzeug ausverkauft ...

Onkel Kaspar hatte es gerade noch geschafft, zwei Hämmer zu ergattern, mit denen er seinen Container schließlich vollends beladen konnte. Und erst als das geschehen war, legte er die Karten offen auf den Tisch und prahlte vor den anderen Dorfbewohnern mit seiner ungewöhnlichen Klugheit und bewundernswerten Weitsicht. Unterdessen explodierten – wie zu erwarten war – in der ganzen Gegend die Preise für Eisenwaren. Des Onkels Einfall hatte sich wie ein Lauffeuer verbreitet. Wer in einem entfernter gelegenen Dorf Verwandte hatte, schrieb ihnen schnell aufgeregte Briefe mit Einzelheiten über die vielversprechende Geschäftsidee für das Land ihrer Vorväter. Und so geschah es, dass noch an vielen anderen Orten Container massenhaft mit Äxten, Beilen und Hämmern gefüllt und nach Deutschland auf Reisen geschickt wurden. Dabei spielte es noch nicht einmal eine Rolle, dass es trotz allem kein billiges Vergnügen war. Auch Onkel Kaspar musste noch kräftig draufzahlen für das Übergewicht und den Einsatz eines extrem starken Autokrans, weil der Container sich auf

herkömmliche Weise nie und nimmer hätte vom Boden heben lassen.
Drei Monate später war der Onkel schon in Deutschland. Mit gemischten Gefühlen erwartete er die Ankunft seines Containers. Allerdings hatte ihn in der Zwischenzeit die dunkle Ahnung beschlichen, dass sein ausgeklügelter Plan womöglich nicht viel wert sein könnte. Die einheimischen Bauern hatten hier so viele Maschinen und andere Hilfsgeräte, dass sie gar nicht mehr auf Hacke und Spaten, geschweige denn auf Beile und Äxte angewiesen waren. Nun ja, und zu Hammer und Sichel wollten sie ja sowieso nie wieder greifen. „Mein lieber Kaspar“, überlegte der Onkel, „welcher Großhändler wird sich da schon mit den 200 Stück Werkzeug, überdies von zweifelhafter Herkunft, befassen?“ Seine Antwort war niederschmetternd.
Nicht genug, dass er sein ganzes Geld in die Waren gesteckt hatte, er würde jetzt auch noch Schulden machen müssen, um das Übergewicht des Containers bei der Einfuhr zu bezahlen. Nicht genug, dass seine Landsleute, die ihn erst unverhohlen um seinen Einfall beneidet hatten, ihn jetzt nur noch mit Hohn und Spott überhäufen würden, er würde jetzt vor allem zusehen müssen, wie er das Eisen wieder loswerden konnte. Weil man aber in Deutschland seinen Müll nicht einfach so wegwerfen darf, sondern für die Entsorgung ziemlich viel Geld zahlen muss, sah sich Onkel Kaspar in seinen Albträumen schon gezwungen, einen schönen Teil seiner Sozialhilfe mit diesem verfluchten Schrott auf die Müllkippe zu werfen. Das abschreckende Beispiel eines Be-

kannten aus dem Aufnahmeheim, das er stets vor Augen hatte, verstärkte seine Befürchtungen noch. In den drei Monaten, die dieser im Heim auf seinen Container wartete, hatten ihn die Einheimischen mit allem Notwendigen versorgt, sodass die später angekommenen Sachen nur noch altes Zeug waren. Doch für deren Entsorgung hatte er trotzdem heftig draufzahlen müssen.
Als schließlich der lang erwartete Container eines Tages endlich vor Onkel Kaspars Heimtür abgestellt wurde, folgten abermals schlaflose Nächte für den Besitzer. Die Speditionsfirma hatte ihn unmissverständlich wissen lassen, dass sie den Container binnen einer Woche geleert und gesäubert zurückhaben wolle. Da war schon guter Rat teuer: „Wohin nur mit der Ladung?“ Aber Onkel Kaspar konnte sich auf seinen Einfallsreichtum, besonders in verzwickten Lagen, verlassen. Und auf das Glück des Tüchtigen. Als solches erwies sich, dass er – mehr zufällig als mit Absicht – vor der Abreise in die letzte Lücke, die im Container noch freigeblieben war, einen Spaten und eine Schaufel gesteckt hatte. Und da Brechstangen ja sowieso im Überfluss vorhanden waren, machte es ‚klick‘ in seinem Kopf, und der Onkel machte sich ans Werk. Als die Nacht am dunkelsten war, begann er im Gebüsch im Park zu graben und eine Grube auszuheben, die so tief war wie der Container groß. Und noch ehe das Morgengrauen den Himmel färbte, verscharrte er darin seinen ganzen schwergewichtigen Reichtum.
Seitdem ist Onkel Kaspar felsenfest davon überzeugt, dass es am klügsten sei, wenn man – wie ich – nur mit einem bescheidenen Köfferchen die Grenze passierte.

Denn, so sagt er: „Hier kann man überhaupt nichts von dem gebrauchen, was wir aus einem anderen Leben mitschleppen wollen. Unsere sibirischen Daunendecken sind für Deutschland viel zu warm, die gusseisernen Töpfe passen auf keinen einzigen Elektroherd, außerdem wackeln sie mit ihren vom Feuer verformten Böden, und das beliebte Eimerjoch ist hier sowieso unbrauchbar, weil das Wasser aus der Leitung ins Haus kommt."
Der Onkel hat wirklich seine Lektion gelernt, und wenn ihn heute jemand aus Sibirien in einem Brief um Rat bittet, was man nach seiner Meinung nach Deutschland mitnehmen sollte, dann antwortet er stets kurz und präzise: „Nichts!" Zeigt sich der Ratsuchende damit nicht zufrieden, fügt er noch hinzu: „Mein Gott, wenn Ihr es nicht lassen könnt, dann packt alles, was Euch nur in die Hände kommt, in den Container hinein. Steckt ihn so richtig voll bis zum Rand, dass keine Lücke bleibt. Aber in diesem Fall dürft Ihr nicht vergessen, auf die Ladung noch einen Spaten und eine Schaufel draufzulegen. Und zwar ganz oben, damit Ihr nachher nicht lange nach ihnen zu suchen braucht, wenn Ihr ein tiefes Loch graben müsst, um den mitgebrachten Plunder zu vergraben."

Von Pontius zu Pilatus

Unser Leben in Deutschland bestand in der ersten Zeit daraus, dass wir ständig zu irgendwelchen Behörden liefen und irgendwelche Anträge stellten. Bereits im ersten Lager in Marienfelde wurden wir mittels einer langen Liste der Ämter darüber aufgeklärt, wo wir schleunigst vorzusprechen und uns zu melden hätten. Und so brachen wir, nachdem wir unseren Kaffee hinuntergestürzt hatten, schon früh am Morgen auf zu den Behörden, um abends ins Bett zu fallen, als hätten wir eine komplette Schicht lang im Steinbruch geschuftet. Schon bald hatten wir uns so an den Papierkrieg gewöhnt, dass er begann, uns als Arbeit zu erscheinen, für die wir im Sozialamt Geld bekamen.

Sofort nach der Ankunft im Heim wurde uns unter Androhung von Strafe befohlen, zur Polizei zu laufen und uns anzumelden. Nachdem wir dieser Bürgerpflicht gewohnheitsmäßig nachgekommen waren, gingen wir schon aus eigenem Antrieb ins Sozialamt, um Geld für die Bezahlung des Wohnheims zu beantragen, damit man uns – Gott behüte! – nicht auf die Straße setzte. Als wir den Heimplatz bezahlt hatten, machten wir uns wieder auf den Weg zur Polizei und baten darum, uns wenigstens irgendeinen Ausweis auszustellen, der unsere Identität bestätigte. Dort aber fiel man über uns her wie über Verbrecher übelster Sorte, da wir, wie sich herausstellte, noch keinen Antrag auf Ausstellung einer gewissen ‚Aussiedlerbescheinigung' gestellt hatten, die unseren Status in diesem Land festschrieb. Am nächs-

ten Tag bekamen wir schon wieder Ärger, weil von unseren Unterlagen ein Stapel noch nicht in einer beglaubigten Übersetzung vorlag. Zwei Tage später schimpfte das Arbeitsamt mit uns, weil wir nicht gleichzeitig auch das russische Arbeitsbuch hatten übersetzen lassen, in dem all unsere Tätigkeiten vermerkt waren, und so setzten wir uns wieder zu dem Übersetzer am Stadtrand in Bewegung. Vorher aber mussten wir noch einen Abstecher zur Krankenkasse machen, um die Krankenversicherung zu beantragen. Damit, wenn einen der ganze Stress umhauen sollte, sich jemand bereitfände, einen zu behandeln. Danach mussten wir wieder ins Arbeitsamt und den Namen unserer Krankenkasse angeben.
Außerdem mussten wir noch unsere Diplome und Abschlüsse bestätigen lassen, einen Wohnberechtigungsschein beantragen, die Kinder im Kindergarten oder in der Schule anmelden und einen Deutschkurs finden. Da lief auch schon die Gültigkeitsdauer unseres provisorischen Ausweises ab, wir mussten wieder einen Antrag stellen, und dann ging der Reigen von vorne los.
Es wird mir ein ewiges Rätsel bleiben, wie diejenigen mit diesem ganzen Wahnsinn zurechtkommen, die nur schlecht Deutsch können. Wie bringen sie es fertig, Formulare auszufüllen, die aus vielen Seiten bestehen und selbst von hier geborenen Deutschen nicht ohne Hilfe zu bewältigen sind? Es sammeln sich so viele Unterlagen, Kopien, Gesuche und Papiere aller Art an, dass man sie nicht einmal einfach so tragen kann. Und alle legen sich dicke Schnellhefter an, mit denen sie von Behörde zu Behörde laufen, sodass sie selbst schon den Eindruck

erwecken, als wären sie waschechte Bürokraten. Manch ein ehemaliger Bergmann oder Hirte der Kolchosherde sieht mit einem Aktenordner wesentlich glaubwürdiger aus als ein ehemaliger Werksdirektor. So nivellieren die Behördengänge den sozialen Status. Auf der Straße erkannten wir einander schon von Weitem an den unvermeidlichen Ordnern unter dem Arm und winkten damit zur Begrüßung.
Der deutsche Beamte ist wesentlich besser organisiert als seine Kollegen in Russland, in seinem Wartezimmer herrscht Ordnung, es sind genug Plätze für alle da, es ist sauber, und Zeitungen und Zeitschriften verkürzen einem die Wartezeit. Doch auch in seinen Forderungen herrscht mehr Ordnung. Man kann sich nicht mit ihm einigen, indem man ihm die Hucke volllügt und verspricht, das vergessene Dokument später nachzureichen. Auch kann man ihn nicht mit Erzählungen darüber erweichen, wie arm man dran ist und wie schwer man es hat. Wenn etwas vorgeschrieben ist, schickt er einen fort, damit man seinen Fehler wiedergutmachen kann. Wie überall auf der Welt bringt man einen Beamten in erster Linie damit gegen sich auf, dass man ihn zwingt zu arbeiten. Doch das darf er nicht zeigen, also lächelt er, als bedeute man ihm mehr als die eigene Mutter. In Wirklichkeit liebt er einen nicht besonders und wird sich mit Vergnügen gegen einen stellen, wenn man irgendetwas nicht gesehen, nicht genügend überprüft und nicht genügend kontrolliert hat.
Hat man den Behördenmarathon hinter sich gebracht, beginnt der Papierkrieg. Jeden Tag bekommt man buch-

stäblich stapelweise Post. Die nicht an Korrespondenz gewöhnten Aussiedler, die einem erhöhten Interesse an ihrer Person überhaupt furchtsam gegenüberstehen, beunruhigt dieser Überfluss. Und überhaupt: Diese Briefe müssen ja auch noch gelesen werden! Und das Bürokratendeutsch ist ein einziges Rätsel! Umso mehr, als man sehr schnell davon überzeugt wird, dass diese Schreiben nur schlechte Nachrichten in sich bergen oder aber die Aufforderung, sich irgendwo zu melden oder irgendetwas einzureichen. Nach und nach entwickelt unsereiner eine allergische Reaktion auf diese Briefe, die dann in eine Neurose übergeht – in die Postphobie, die Angst vor dem Briefkasten. Ein Mensch, der eben noch fröhlich war, wird schlagartig schwermütig, und sein Augenlid beginnt zu zucken, wenn man ihn nur daran erinnert, dass es Zeit wird, die Post zu holen. Und Frauen werden hysterisch, wenn ihnen zu viele Behördenbriefe und Formulare auf einmal ins Haus flattern.

Aber endlich hat man es geschafft: Man war bei allen Beamten und hat sich in allen Ämtern gemeldet, sowohl nach der ersten als auch nach der letzten Liste. Alle Anträge sind gestellt, alle Kopien gezogen, die Unterlagen sind zusammengetragen und abgegeben. Dennoch ist man immer noch im Laufrhythmus, hat sich daran gewöhnt, immer irgendwohin zu rennen und irgendwelche Papiere abzuliefern. Die plötzliche Stille, die über einen hereingebrochen ist, löst eine eigenartige Unruhe aus, und es kommen einem konfuse Ängste in den Sinn: Was, wenn man etwas vergessen hat, irgendwo nicht gewesen ist, sich irgendwo nicht gemeldet hat, und statt-

dessen sitzt man hier herum, während man doch eigentlich irgendwohin laufen müsste, um noch etwas zu retten, wieder gutzumachen, nachzuweisen ...
Und diese Angst ergreift so stark von einem Besitz, besonders bei der älteren Generation, dass sie sich ohne jeden Anlass, aus eigenem Antrieb, nur so, für alle Fälle, um auf Nummer sicher zu gehen, auf den Weg zu den Behörden macht. Deshalb erklärt auch so mancher unserer Opas diesem oder jenem Beamten: „Wissen Sie, ich bin hier gerade vorbeigekommen, da dachte ich, ich schaue mal herein ..." Bei dem verunsicherten Staatsdiener rufen Besuche dieser Art nervöse Reaktionen hervor, erst recht, wenn es sich der Besucher bequem macht und ohne Eile, wie er es von seinem früheren dörflichen Leben her gewohnt ist, anfängt, allgemeine Fragen zu stellen wie etwa: „Und, wie geht es Ihnen so? Was gibt es Neues in der Welt? Vielleicht soll ich ja noch ein Papier einreichen? Wissen Sie, gerne, jederzeit ..." Und erst wenn sich der durch das leere Geschwätz zur Weißglut getriebene und vom ständigen Zeitmangel geplagte Beamte entschließt, unseren Freund hinauszuwerfen, wird er schließlich wieder ruhig, und sein Leben geht wieder seinen geordneten Gang.

Sprachkurse, die man meiden sollte

Dies war ein ausgesprochen bedeutsamer Tag in unserem Emigrantendasein, als wir uns auf den Weg zu dem für uns vorgesehenen Deutschkurs, der sechs Monate dauern sollte, machten. Schließlich hing es vom Erfolg beim Erlernen der Sprache ab, wie schnell wir uns hier einleben würden ... Durch einen kuriosen Zufall fiel dieser Tag genau auf den 1. August, an dem in jenem Jahr der Schulanfang war. Es war schon zum Lachen, dass wir sogar ein wenig aufgeregt waren wie die ABC-Schützen, auch wenn wir nicht ganz so voller Begeisterung waren wie diejenigen, die zum ersten Mal in die erste Klasse gingen. Unsere Nervosität rührte von dem Unbekannten her, was uns wohl in dieser durch ihre Strenge berüchtigten deutschen Schule erwarten würde.
Außerdem boten wir einen ausgesprochen kuriosen Anblick, als wir – eine Gruppe erwachsener Leute zwischen 18 und 60 Jahren, soliden Herren und Damen in Anzügen, mit Vollbärten, Bäuchleins oder kräftigen Busen, aber mit Schulheften unter dem Arm – das Heim verließen. Jeder, der nichts Besseres zu tun hatte, konnte seine Späße über uns machen:
„Warum habt ihr denn für die Lehrerin keine Blümchen gepflückt?" (Das ist am ersten Schultag in Russland üblich.)
„Lasst es euch nicht einfallen, in den Pausen über die Flure zu rennen! Und zieht den Mädchen nicht an den Zöpfen!"
„Wo habt ihr eigentlich eure Schulranzen gelassen?"

„Kommt bloß nicht mit einer Vier nach Hause", riefen sie am Ausgangstor noch hinterher.

Über unseren Anblick mussten wir auch selbst lachen: Was waren wir doch herausgeputzt und gut rasiert. Man konnte es drehen und wenden, wie man wollte, die reinsten Musterschüler! In den Schulbänken sahen wir allerdings doch ein wenig eigenartig aus. Zu deplatziert wirkten hier die schwieligen Fäuste des ehemaligen Mähdrescherfahrers, in denen der Kugelschreiber geradezu verschwand, der beträchtliche Bauch des fünfzigjährigen Ingenieurs, das Gold der Ringe und das tiefe Dekolleté der drallen Blondine, die die von der Lehrerin vorgesprochenen Laute wiederholte.

Im Klassenzimmer hatten sich etwa 25 arme Teufel wie wir versammelt. Die Gruppe war selbst dem äußeren Erscheinungsbild nach bunt gemischt, doch als die enthusiastische deutsche Lehrerin versuchte herauszufinden, wer sich zu Hause in der Schule mit welcher Fremdsprache herumgeschlagen hatte, war die Bandbreite noch viel größer – sie reichte von London bis Peking. Die Mehrzahl von uns hatte aus irgendeinem Grund Englisch oder Französisch gelernt, drei Mann Kasachisch, ein ‚Deutscher' Georgisch, und ein Exot aus Tschita war als Kind mit seinen Eltern an die Grenze zum ‚Großen Nachbarn' verfrachtet worden und hatte dort Chinesisch gelernt.

Doch auch für die, die immerhin schon einmal mit der Sprache Goethes und Schillers in Berührung gekommen waren, stand es nicht zum Besten. Unserer armen Lehrerin gelang es auf Anhieb, vier verschiedene Dialekte

auszumachen, von denen einer mit den jeweils anderen nichts gemein hatte. Die Nachkommen der Mennoniten, die aus dem Norden Deutschlands nach Russland gekommen waren und eine Sprache sprachen, die dem Holländischen ähnelte, konnten ohne Dolmetscher nicht den altschwäbischen Dialekt jener verstehen, deren Vorfahren auf Wagen entlang der Donau flussabwärts zum Schwarzen Meer gekommen waren. Auch diejenigen, die sich in der Schule an das Hochdeutsche angepasst hatten, gaben keinen Anlass zur Freude. Nach fünf Jahren Sprachunterricht waren sie trotzdem nicht in der Lage zu erklären, was sie eigentlich gelernt hatten. Bereits nach den ersten Stunden der ‚Kommunikation' mit uns bot unsere arme Lehrerin einen so erbarmungswürdigen Anblick, dass wir Grund zu der Befürchtung hatten, sie würde zu den nächsten zwei Unterrichtsstunden vielleicht gar nicht mehr erscheinen.
Unterschiedlich war auch das Niveau in der Allgemeinbildung der ‚Schüler'. Beginnen wir nur mit einem absoluten Analphabeten aus einem verlassenen Winkel des Omsker Gebietes, der während des Krieges nicht in die Schule geschickt worden war und seinen Namen nicht einmal auf Russisch schreiben konnte. Danach kam die Gruppe der ‚Ackerbauern und Viehzüchter', die es in der Dorfschule mit Mühe und Not bis zur achten Klasse geschafft hatten, um anschließend im Stall und auf dem Feld gleich wieder alles zu vergessen, was ihnen beigebracht worden war. Die Blondine konnte sich mit der Handelsfachschule brüsten, ein schmächtiges Männlein von vierzig Jahren dagegen mit der Veterinär-

fachschule. An der Spitze der Pyramide thronten einsam ein ehemaliger Ingenieur und ich mit unserer bei Weitem nicht linguistischen Hochschulbildung.
Nach den ersten Stunden, in denen die Vorkenntnisse festgestellt wurden, ging es endlich ans Lernen selbst. Mit immer schlechter werdender Laune verfolgte ich, wie das ‚Kollektiv der ehemaligen Mitarbeiter der Landwirtschaft' eine geschlagene Stunde lang versuchte, sich einen einfachen deutschen Satz zu merken. Außerdem beunruhigte mich das Verhalten der Blondine, der ehemaligen Mitarbeiterin des Handels, die sich diesen ganzen Unsinn dermaßen interessiert anhörte, als handle es sich um die Vorlesung einer Koryphäe der Wissenschaft. Leid tat mir auch mein Nachbar, der fünfzigjährige Mann, der mit einer Leichenbittermiene dasaß, als hätte er gerade seinen Vater zu Grabe getragen. Er war es gewohnt, sich jede Viertelstunde eine Zigarette anzustecken, und so hielt er hier kaum bis zur nächsten Pause durch. Es muss gesagt werden, dass wir es alle nicht mehr gewohnt waren, lange in Schulbänken still zu sitzen, und daher wie auf Nadeln auf unseren Stühlen herumrutschten.
Endgültig fertig war ich mit diesem Kurs, als die Lehrerin verkündete, dass sie wegen unseres unterschiedlichen Kenntnisstandes bei den Schwächsten beginnen würde. Das war nun für mich wirklich vertane Zeit, denn wenn sie mit unserem Analphabeten beginnen würde, den Schulstoff aufzuarbeiten, würden wir, wenn das Schicksal uns gnädig wäre, in den sechs Monaten mit ihm gerade mal die erste Klasse schaffen. Wer immer darauf

gekommen war, dermaßen unterschiedliche Leute in eine Gruppe zu stecken, der Nutzen eines solchen Unterrichts war für die meisten Anwesenden gleich Null. Da ist es nicht verwunderlich, dass die Aussiedler nach diesen sechsmonatigen Kursen immer noch so schlecht Deutsch können. Und es gibt keinerlei Kontrolle: Vom Arbeitsamt, das eigentlich dafür sorgen soll, dass staatliche Gelder nicht unnötig verpulvert werden, hat sich in der ganzen Zeit niemand blicken lassen. Und die Schule interessierte nur, dass für uns gezahlt wird.
In den verbleibenden zwei Unterrichtsstunden hörte ich so viele falsch ausgesprochene deutsche Wörter, dass ich schon selbst anfing, mich bei der Aussprache zu irren. Das zerstreute meine letzten Zweifel: Bei einem solchen Unterricht musste ich schnellstens zusehen, dass ich Land gewinne, ansonsten würden mir die paar Brocken Deutsch, die ich mir selbstständig mit Wörterbüchern und Sprachkursen für Autodidakten erarbeitet hatte, auch noch verloren gehen.

Auf das Wohl des Sicherheitsdienstes

In einem Wohnheim für Migranten passierte nicht viel – es war eine Zwischenstation auf dem Weg von den eigenen vier Wänden in der alten Heimat zu einer Wohnung in der neuen Heimat, bis alle Formalitäten erledigt und alle Papiere ausgestellt waren. Weil man unter sich war, traf man sich, wie man es in der alten Heimat im Dorf nach der Arbeit gewohnt war, vor dem Haus auf der Bank, um sich mit dem Nachbarn über dies und jenes zu unterhalten, sich die Sorgen von der Seele zu reden. Und weil man hier nach den täglichen Behördengängen ein noch größeres Verlangen nach Seelsorge hatte, traf man sich auch öfter, um einen Korn aus dem nahe gelegenen Supermarkt zu holen. Da das Geld für einen Kneipenbesuch noch nicht reichte, mündeten all diese Aktivitäten dann zum Ausklang des Abends im Freien im Gebüsch am Rande des Parks hinter dem Heim.

Nur ein Problem hatten die Männer im Heim – sie wurden von ihren besseren Hälften knapp bei Kasse gehalten. Die Frauen waren überhaupt nicht begeistert von dieser Art Seelentherapie. Mangels Finanzen war schon so manches Treffen ausgefallen.

Aber plötzlich schien es, als hätten die Männer einen Weg aus der Geldnot gefunden. Es war schon auffällig, dass aus dem Laden nicht mehr der gewöhnliche Doppelkorn geholt wurde, sondern edler Weinbrand, nicht mehr Salzheringe, sondern geräucherte Makrelen und Lachs. Sowohl die Frauen als auch ich waren jetzt neugierig, die Quelle dieses plötzlichen Wohlstandes zu erfahren.

Weil es in der nächsten Umgebung keine Banküberfälle gegeben hatte, stattete ich den Kumpels im Park aus Neugier einen unerwarteten Besuch ab und fand sie an einer reich gedeckten Tafel: Chantré, Edelsalami, Sprotten und sogar Krabben – wie in einer feinen Gesellschaft. Auch unsere Bauern verstehen was von den schönen Dingen des Lebens, wenn sie über das nötige Kleingeld verfügen. Einer paffte sogar eine Zigarre.
„Jungs, habt ihr einen Schatz gefunden?", fragte ich, nachdem man mir einen Chantré eingeschenkt hatte. „Auf wessen Kosten wird hier eigentlich gefeiert?"
„Auf Kosten von Osama bin Laden", lächelten sie zufrieden. Und dann folgte die Ergänzung: „Genauer gesagt, auf Kosten der ihn jagenden Sicherheitsbehörden", und die Bauern setzten dabei solche geheimnisvollen Mienen auf, als ob ich zu einer Runde von Topagenten zugelassen worden wäre. Trotz aller Geheimnistuerei wurde ich bald in die ganze Geschichte eingeweiht.
Es ist gut, dass sich die Sicherheitsbehörde nach der Ankunft hier eine kurze Befragung vorbehält – wer weiß, welche Menschen über die Grenze kommen. Dabei gehen die Beamten irrtümlicherweise wohl davon aus, dass derjenige, der sich wortkarg und im Gespräch zurückhaltend verhält, bestimmt etwas zu verbergen hat. Da aber so mancher Aussiedler einfach der Sprache nicht mächtig ist, schöpft man schon mal Verdacht und lädt die Burschen nach einer Zeit wieder zur Behörde vor.
Und jetzt kommt's: Dafür steht dem Betroffenen eine Aufwandsentschädigung zu. Und weil so mancher wegen seiner fehlenden Sprachkenntnisse nur vor sich hin

schweigt und ab und zu ein paar verwirrende Wörter von sich gibt, glaubt man wohl, einen richtig dicken Fisch an der Angel zu haben, der bestimmt mehr weiß, als er bisher verraten hat.
Verdächtig sind wiederum die Geschwätzigen unter den Neuankömmlingen. Als ein ehemaliger Mähdrescherfahrer den Beamten stundenlang von seinem in Kasachstan zurückgelassenen Mähdrescher erzählte, wie er sich jedes Ersatzteil hatte erkämpfen müssen und von welcher Seite er dieses oder jenes Feld anfuhr, wurde das wohl als versuchtes Ablenkungsmanöver gewertet, das bestimmt dazu diente, etwas Wichtiges zu verbergen. Oder ein Viehzüchter weihte die Männer in das Geheimnis ein, wie die Kuh von einem Bullen gedeckt wird und welche Vorsichtsmaßnahmen man zu treffen habe, damit einen der Bulle nicht mit der Kuh verwechselte. Die armen Kerle von der Behörde hätten die Jungs mit all ihren Ersatzteil- und Kuhdeckungssorgen gern rausgeschmissen, mussten sich aber pflichtbewusst und geduldig dieses Gerede anhören.
„Aber nichts ist ohne Nutzen", meinte einer aus der Runde. „Es wird doch immer bemängelt, dass unsere Sicherheitsbehörden im Vergleich zur CIA oder zum FBI nichts Besonderes wissen. Jetzt haben auch unsere Männer etwas Einzigartiges vorzuweisen: Wie keine andere Sicherheitsbehörde der Welt sind sie jetzt informiert über die Rinderzucht und den Kuhdünger auf den Feldern im weiten Sibirien. Und dank der Aufwandsentschädigung gehen auch wir nicht leer aus. Darauf – Prost!"

Die unergründlichen Wege der Integration

In keiner anderen Behörde hat es ein Aussiedler so schwer, Hilfe zu bekommen, wie in dem für Hilfe geschaffenen Sozialamt. Man kann die Leute dort sogar verstehen: Es muss wohl nicht leicht sein, tagtäglich an wildfremde Menschen Geld aushändigen zu müssen, die es nach ihrer Meinung gar nicht wert sind. Und dass das bei den Aussiedlern der Fall ist, davon sind in Deutschland nicht nur die Mitarbeiter des Sozialamtes überzeugt. Aber der deutsche Wohlfahrtsverband will wiederum sein Geld für das Wohnheim, in dem ich untergebracht bin, und schickte mich ins Rathaus, um es dort für ihn abzuholen. Es dauerte immer eine kleine Ewigkeit, bis ich endlich ins Dienstzimmer gebeten wurde.

„Na, wieder mal ausgezogen, den Staat abzuzocken?“, gab die Dame hinter dem Tisch unumwunden preis, was sie von mir und von Anstand hielt.

Da konnte es einem schon für einen Moment die Sprache verschlagen, derer man ohnehin nicht besonders mächtig war.

„Ich brauche Geld ...“, fing ich an zu stottern.

„Sonst noch Wünsche? Vielleicht ein Urlaub in der Karibik?“, wurde ich weiter mit Spott übersät. – „Soll ich Ihnen das Geld in Scheinen aushändigen oder hätte der Herr lieber ein Reisescheck?“

Angesichts derartiger Äußerungen fehlten mir erst einmal die Worte. Die Dame versuchte nicht einmal, ihre Verachtung mir gegenüber zu verbergen, sie hatte ja nichts zu befürchten. Als ein verzweifelter Migrant im fremden Land, der auf Hilfe angewiesen ist, kommt man nicht einmal auf die Idee, sich über seine Wohltäter zu beschweren.

„Also, das ist ein Formular.“ Vorsichtig, wie einem Wilden gegenüber, schob mir die Dame ein Blatt Papier über den Tisch. „Das ist nichts zum Ausmalen, obwohl es da viele leere Kästchen gibt.“ Sie verhöhnte mich weiter unverhohlen ... „Die müssen ausgefüllt werden.“

„Und wie?“

„Mit Wörtern, versteht sich ...“

„Welchen denn?“

„Mit deutschen. Natürlich nicht mit russischen ...“ Die Dame blieb sich in ihrer Abneigung mir gegenüber treu. Bis sie richtig anfing, Gift zu verspritzen: „Nicht zu fassen, wie bescheuert Leute sein können. Also, in dieser Spalte muss der Name eingetragen werden ... Aber der richtige, nicht so ein Deckname von der Mafia ... Hier dann, wie viele Autos du hast. Bestimmt steht ein Mercedes um die Ecke, aber das gibt ja keiner von euch zu ... Dann, ob du andere Wertsachen besitzt: Geld, Gold ...“ Bei diesen Wörtern zuckte ich plötzlich zusammen, weil zwei meiner Backenzähne tatsächlich aus Gold waren und ich es der Dame vom Sozialamt durchaus zutraute, dass sie mir die sofort mit einer Zange aus dem Mund holen würde.

„Andere Schmucksachen ... Aber das verschweigt ihr ja immer. Spielt einem das Unschuldslamm vor, und dann baut ihr euch nach einem Jahr ein Haus. Ich werde mein ganzes Leben nicht dazukommen. Und hier, ob Sie sonst noch wo Leistungen beziehen!“

„Was bedeutet das eigentlich – Leistungen?“, wagte ich eine Nachfrage.
„Na schön, da haben wir es. Das gute deutsche Wort ‚Leistungen‘ kennt er nicht. Lina, Lina“, rief sie ins Nebenzimmer, „komm mal, schau dir den mal an. Der weiß nicht, was Leistungen sind.“ Und beide kicherten und amüsierten sich weiter köstlich über mich.
„In Deutschland wollen sie leben, aber ‚Leistungen‘ ist für sie ein Fremdwort. Was soll's, die da in Berlin sollen nur alle hereinlassen ins Land.“
Nun stieg endgültig die Wut in mir hoch über so viel Demütigung an einem Tag, und ich explodierte. „So, jetzt reicht es mir, ich möchte ihren Vorgesetzten sprechen!“
„Na, guck mal einer an, Lina. Ist gerade erst in Deutschland angekommen und motzt hier herum, als ob er Gott weiß was wäre. Das werden wir dir abgewöhnen, das werden wir ... So, Lina, vermerke mal in den Akten, dass er sich der Aufforderung des Amtes widersetzt hat. Und dass er sein Geld nur dann kriegt, wenn er zwei Wochen Sozialarbeit beim Parkaufräumen geleistet hat.“ Und wieder amüsierten sich die beiden über das Wort ‚geleistet‘ – um dann noch einmal auf mich zurückzukommen.
„Unser Vorgesetzter ist übrigens gerade mit einer anderen wichtigen Sache beschäftigt – mit der Durchsetzung einer zusätzlichen Finanzierung, damit wir die Aussiedler aufwendiger integrieren können.“ Der Spott nahm kein Ende.
Aber sie hatten es geschafft, meinen fast krankhaften Sinn für Gerechtigkeit anzustacheln – jetzt war ich nicht mehr zu bremsen. Ich würde mich bei ihrem Vorgesetz-

ten beschweren, koste es, was es wolle. Auch wenn es nichts bringen würde, weil die beiden bestimmt alles sofort abstreiten würden.
Als ich am nächsten Tag wieder in dem Büro erschien, übersäten mich meine Widersacherinnen mit weiterem Hohn und Spott: „Der Vorsitzende hält einen Vortrag über unsere vorzüglichen Leistungen zur eurer Integration in unserem Bezirk." Und wieder gackerten und wieherten die beiden, während sie mich auslachten.
Auch beim nächsten Anlauf wurde ich abgewimmelt: „Er ist auf einem Empfang anlässlich der Verleihung des Ehrenpreises im bundesweiten Wettbewerb für die beispielhafte Integration der Aussiedler in unserem Amt."
„Lass das, das hat alles keinen Sinn", belehrte mich mein schon länger in der Gegend lebender Landsmann Nikolai. „Das ist eine so in bestimmten Kreisen verbreitete Stimmung hierzulande. Wir werden eben als lästige Kostgänger angesehen, die man am liebsten vor die Tür setzen würde. Deswegen denken die Damen auch, sie hätten das Recht, uns so richtig die Hölle heiß zu machen. Was sie nicht wahrhaben wollen ist, dass sie jemanden treten, der schon am Boden liegt." Aber ich wollte nicht zur Vernunft kommen.
Mein neuer Freund lachte nur über meinen Eifer. „Geh nur öfter mal hin, tue ihnen den Gefallen. Dann tragen sie dich jedes Mal als Besucher ihrer Einrichtung ein, um am Ende des Monats auf schöne Zahlen von geleisteten Beratungen zu kommen."
Das wollte ich nicht glauben, dass man mich nicht nur verspottete, sondern auch noch an mir verdiente. Ich

musste aber beim nächsten Besuch tatsächlich bemerken, dass bei meinem Namen im Besucherjournal eine fette Drei in der Spalte eingetragen war für – das Wort hatte ich inzwischen gelernt – ‚erbrachte Leistungen'.
Eines Tages schaffte ich es doch noch, zum Vorsteher vorzudringen. Der Herr war nicht entgegenkommender als seine beiden Untergebenen und wollte mir meine Beschwerde nicht abnehmen:
„Dieses ewige Gejammer ... Das habe ich schon so satt von euch Zugezogenen."
Er griff zum Hörer: „Hallo, Helga. Alles bestens bei euch? Da beschwert sich einer von denen, na du weißt schon, von den Aussiedlern. Ich habe ihm schon gesagt, dass ich mir nicht vorstellen kann, dass jemand in unserer Behörde unhöflich behandelt wird. Ja, ja, die schlechten Sprachkenntnisse, die verstehen ja nur einen Teil. Und dann laufen sie herum und beklagen sich. Das kennen wir schon. Was, er wollte sich vor der Arbeit drücken und versucht jetzt, sich mit dieser Beschwerde an dir zu rächen? Das können wir natürlich nicht auf sich beruhen lassen ..."
Und schon kehrte ich wieder zwei Wochen lang die Wege im Park. Bei diesem zweiten Einsatz habe auch ich endlich eingesehen, dass mein Landsmann recht hatte und ich auf verlorenem Posten kämpfte. Dass es zu nichts führen würde, sich noch weiterhin zu beschweren. Und dass es viel vernünftiger sein würde, all meine Bemühungen auf die Suche nach einer Arbeit und einem festen Einkommen zu konzentrieren, um auf solche ‚Hilfe' überhaupt verzichten zu können. Was mir auch

bald gelungen ist. Das Amt wiederum hat sofort als Erfolg für sich verbucht, dass es noch jemanden in Lohn und Brot gebracht hat.

Wie ich beinahe Banker geworden wäre

Man muss schon ziemlich verzweifelt sein, um in den Anzeigen unserer Emigrantenzeitungen, dem bekannten Sammelbecken von Kleingaunereien jeglicher Art, nach einer Arbeit zu suchen. Aber nach ein paar Monaten Arbeitslosigkeit und den vielen Vorwürfen, die man sich als Stempelgänger anhören musste, war auch das schon einen Versuch wert. Besonders wenn eine Anzeige so großzügig lockte: ‚Ein solides Geldunternehmen, das gut bezahlt', so stand zu lesen, ‚sucht zuverlässige Mitarbeiter'.

Ich rief das ‚solide' Unternehmen an und war angenehm überrascht, als mir der Personalleiter mitteilte, dass meine Ausbildung als Geschichtslehrer „exzellent zur Arbeit eines Bankiers passe". Und so stand ich schon am nächsten Morgen, immer noch etwas irritiert, vor einer bescheidenen Tür in einem heruntergekommenen Hinterhof, an der nur ein winziges Schild den Sitz des ‚expandierenden Geldinstituts' verriet. Eine Zeit lang wurde ich aufmerksam durch ein Guckloch beobachtet, dann öffnete mir ein durchtrainierter Bursche mit dem Blick eines Scharfrichters.

„Kommen Sie rein!" Er eskortierte mich streng ins Wartezimmer. „Einen Augenblick bitte. Wir führen gerade Gespräche über die Übernahme von zwei Banken in New York. Sie verstehen schon, uns geht's gut ..."

Und er ließ mich an einem Tisch voll bunter Prospekte zurück, die unglaubliche Gewinne für Geldanlagen bei diesem Unternehmen versprachen. Ich warf einen Blick

auf die Texte, und je mehr ich mich in die Lektüre vertiefte, desto mehr wollte ich auch bei solch einem großen ‚Geldverdienen' dabei sein.
Plötzlich öffnete sich die Tür, und zwei gut gekleidete Herren traten ins Zimmer. „Der Kabatschny ... Der hat hier auch Geld angelegt ...", verkündete der eine, ins Gespräch vertieft.
„Der alte Fuchs weiß, wo es hingehört", meinte dazu der zweite Herr.
„Es ist ja auch fantastisch. Vor vier Monaten haben wir 10.000 Mark angelegt, und jetzt haben wir schon 20.000."
„Die 10.000 lassen wir auch liegen, für den Rest können wir jetzt feiern." Und sie verschwanden hinter einer Tür, woraufhin an ihrer Stelle ein noch schicker gekleideter Mann mit einer Goldnadel an der Krawatte eintrat.
„Ich bin der Abteilungsleiter. Folgen Sie mir bitte!", und er führte mich ins benachbarte Zimmer.
„Ihre Unterlagen habe ich gelesen. Sie machen einen guten Eindruck. Eins will ich Ihnen nur noch sagen: Wir sind ein solides Unternehmen und wählen unsere Mitarbeiter sorgfältig aus." Der Gutgekleidete machte sich hinter dem Ermittlungstisch breit. „Aus Ihrer Bewerbung habe ich schon erfahren, dass Sie ein intelligenter Mensch sind. Das vereinfacht die Sache. Sie werden sofort begreifen, was Ihre Aufgabe ist." Er lächelte einschmeichelnd. „Also, unsere Firma verdankt ihren Erfolg der genialen Einsicht, dass wir Übersiedler einzeln nicht das nötige Geld zum Investieren haben. Aber wenn wir unser Geld zusammenlegen und gemeinsam nutzen,

können wir zum Beispiel einen Betrieb kaufen und daraus Gewinne erzielen. Das müssen wir unseren Landsleuten erklären, damit sie ihr Geld zu uns bringen, um noch mehr Geld zu verdienen. Sie werden zehn Prozent der angelegten Summe als Provision bekommen. So springen für Sie bis zu mehreren Tausend Mark im Monat heraus. Ich sehe schon, dass Sie längst alles begriffen haben – es ist ein reines Vergnügen, mit intelligenten Leuten zusammenzuarbeiten. Also, willkommen im Team! Den Vertrag unterzeichnen Sie bitte hier ..."
Und er schob mir ein Formular über den Tisch.
Da ich mir inzwischen angewöhnt hatte, auch das Kleingedruckte zu lesen, vertiefte ich mich in den Text, was meinen Gesprächspartner überhaupt nicht zu begeistern schien.
„Hier steht, dass ich mich verpflichte, 4.000 Mark anzuzahlen."
„Ach, das ist doch eine Kleinigkeit, nicht der Rede wert. Betrachten Sie es als Kaution, die wir dann mit dem Lohn verrechnen. Wir haben mit Geld zu tun und müssen uns gegen Missbrauch absichern. Außerdem, wie wollen Sie jemanden überzeugen, wenn Sie selber nicht investiert haben? Ich hoffe doch, dass Sie die 4.000 Mark haben? Einen ‚Versager' könnten wir hier nämlich nicht gebrauchen ..."
„Gerade deswegen muss ich mir das noch einmal überlegen."
„Bei solch einer klaren Sache?" Eine schwere Enttäuschung überschattete sein Gesicht, wie wenn er schon zu bezweifeln begann, ob ich der richtige Mann für sie wäre ...

Es muss wohl alles gut inszeniert gewesen sein, denn genau in diesem für den ‚Personalleiter' kritischen Moment betraten zwei kräftige Burschen das Zimmer.
„Stellt euch mal vor, dieser Schwachsinnige zögert noch, den Vertrag zu unterschreiben", rief er ihnen entgegen. Die beiden fingen an zu grinsen.
„Weiß er überhaupt, was er sich entgehen lässt?", fragte der eine und kam näher heran, um mich genauer anzuschauen.
Der andere postierte sich hinter meinem Rücken, schlug in die Fäuste und hypnotisierte meinen schutzlosen Nacken.
„Schauen Sie sich mal die beiden an", rief der Personalleiter. „Die sind heute wohlhabende Leute, weil sie seinerzeit die Gunst der Stunde genutzt haben. Oder wollen Sie in diesem Leben auch weiterhin auf der Seite der Versager stehen?"
„Will er wohl", meinte der hinter mir Stehende spöttisch, und ich spürte noch einmal besonders stark, wie schutzlos doch mein Nacken war.
„Ein Versager ist er", meinte der andere, setzte sich auf den Tisch und drehte mir die Tischlampe direkt ins Gesicht. So, als ob er sich den Schwachkopf bei hellem Licht etwas genauer ansehen wollte. „Guckt ihn doch mal an!"
„Du sollst die Leute nicht gleich wegen einer kleinen Schwäche abschreiben", kam mir der Personalchef wie ein alter Kumpel zu Hilfe. „Er hat es nicht sofort gecheckt, aber jetzt schon. Er wird gleich unterschreiben."
Hinter meinem Rücken hörte ich, wie der andere Bur-

sche in dem bereits warmen Zimmer die Heizung aufdrehte.
Ich weiß nicht, was diese Typen im vorigen Leben waren: vielleicht bei der Polizei, beim Militär oder auch vielleicht beim Geheimdienst – nicht von ungefähr hatten sie diese Verhörmethoden und die straffe militärische Haltung. Ich hatte schon begriffen, welches Theater hier gespielt wurde, und jetzt überkam mich das Verlangen, mich über sie lustig zu machen. Unauffällig schob ich die Lampe etwas zur Seite.
„Ich habe nur noch so meine Zweifel, Jungs, ist doch menschlich, oder?" Und ich zog meinen Pulli aus. „Ihr müsst mich erst mal richtig überzeugen."
Und in der nächsten Stunde amüsierte ich mich köstlich, als das Trio in durchgeschwitzten Hemden versuchte, mich umzustimmen. Mir wurde von dem großen Reichtum erzählt, der auf mich zukommen würde, von den hübschen Villen, die ich haben könnte, von Jachten und Privatjets. Von Hawaii und dem Erbe für meine Kinder. Solange mein ‚Kumpel', der Personalleiter, sich im Nachbarzimmer ausruhte, versuchten mir seine beiden Helfer Angst einzujagen, drohten mit der Zukunft eines Sozialhilfeempfängers, der dann obdachlos irgendwo in einem Wohlfahrtsheim verrecken würde. Mit einem Lebensabend ohne ‚eine lausige Mark' in der Tasche.
Nach einer weiteren Stunde gestand ich, dass ich die 4.000 Mark gar nicht hatte. Es begannen harte Verhandlungen darüber, wie viel ich letztendlich aufbringen könnte. Was eigentlich auch das Ziel dieses Theaters war. Meine Gesprächspartner erwiesen sich in ihren

Argumenten als erfinderisch: Ich sollte einen Kredit aufnehmen, mein Auto verkaufen, von meiner Verwandtschaft etwas ausleihen oder einen anderen betrügen. Ich blieb standhaft, und zum Schluss brachte ich sie so weit, dass sie bereit waren, bis auf 140 Mark herunterzugehen. Das war die unterste Grenze, weil es unter dieser Summe ja keinen Zweck mehr gehabt hätte, mit mir etwas zu unternehmen.
Nach drei Stunden waren alle drei so erschöpft, dass sie bestimmt nicht mehr einsatzfähig waren. Dann vermeldete ich: „Wisst ihr, Jungs, ich habe es mir anders überlegt."
Ich erhob mich und ging zur Tür. „Und stellt die Heizung ab, sonst geht ihr bald pleite."

Das Problem, einem anderen etwas zu gönnen

Ich gestehe, ich war so naiv zu glauben, dass die Frage, ob man neidisch ist oder einem anderen etwas gönnen kann, eine Frage des Wohlstandes sei. Dass wir in Russland so häufig mit Neid zu tun hatten, sei unserer damaligen Knappheit an so manchen materiellen Gütern geschuldet gewesen, und im wohlhabenden Westen hätte sich das Thema gewiss schon längst erledigt und wäre von der Tagesordnung verschwunden. Zu meinem großen Erstaunen musste ich mich hier schon bald eines Besseren belehren lassen und erkennen, dass mit steigendem Lebensstandard das Problem nicht nur nicht an Intensität verliert, sondern sogar noch absurdere Züge annimmt. Ich meine, dem anderen ein Stück Fleisch in der Suppe zu gönnen, wenn man es selbst nur einmal in der Woche hat, fällt doch schwerer, als es einem hier in Deutschland zu gönnen, wo die Supermärkte Fleisch jeglicher Art im Überfluss bieten, oder? Leider kann der Mensch noch so viel haben und trotzdem dem anderen auch noch das Wenige neiden.
Das unermüdliche Wandeln auf den langen Pfaden der Bürokratie hatte mein Schuhwerk aus Russland so unansehnlich werden lassen, dass ich mich damit nicht mehr auf die Straße traute, und ich habe mir ein Paar neue angeschafft. In den neuen Schuhen bin ich dann, leichtsinnig wie ich war, im örtlichen Büro der Krankenkasse zur Anmeldung erschienen, ohne die Schuhe vorher gründlich im Straßenstaub ‚einzuweihen'.

Nachdem sie mich gründlich gemustert hatte, begann die Angestellte, die sich mit ihrem Gehalt von 4.000 Mark im Monat vierzig Paar dieser Turnschuhe hätte kaufen können, über die unglaublichen Vergünstigungen für Aussiedler zu reden. Dass uns angeblich alles in den Schoß fiele, während sie sich ihr tägliches Brot durch harte Arbeit verdienen müsse. Es klingt komisch, aber während sie über unsere vielen Privilegien sprach, wiegerte sie sich hartnäckig, mich in ihre Krankenkasse aufzunehmen, weil ich ein zu armer Kunde wäre.

„Gehen Sie doch zur Konkurrenz! Ihr habt doch so viele Privilegien ..."

„Und was für welche!"

Langsam begannen diese Märchen von den unglaublichen Privilegien mir auf die Nerven zu gehen. Ich hätte zu gern gewusst, was ich, ein Migrant, der mit einem Koffer hierher gekommen war, hatte, das diese Angestellte, die in diesem Land aufgewachsen war, eine Ausbildung, einen Arbeitsplatz, wahrscheinlich ein Sparguthaben bei der Bank und vielleicht sogar ein von den Eltern geerbtes Häuschen hatte, nicht haben konnte. Und dieses neidische Geschwätz war alles andere als harmlos, brachte es doch den braven Bürger ernstlich gegen die vermeintlichen Schmarotzer auf. Diejenigen, die die Gerüchte in die Welt setzten, versuchten anscheinend, sich gegenseitig zu übertreffen, wer sich die absurdere Vergünstigung ausdachte: So bekamen wir angeblich horrende Summen Sozialhilfe, sagenhafte Renten und zinsgünstige Kredite. Und all das wurde gesagt, als wäre es etwas Selbstverständliches, allgemein

Bekanntes. So begann schon ein Witz in Deutschland die Runde zu machen, der etwa so ging: „In unsere Straße ist ein Aussiedler gezogen. Und stellt euch vor, er hat keinen Mercedes!“
Mit einem unerklärlichen Gefühl von Neid machte mich die Krankenkassenangestellte, während sie meinen Antrag ausfüllte, dafür verantwortlich, dass ihre Tochter schon seit drei Jahren keine Wohnung finden könne, weil die Aussiedler angeblich aufgrund besonderer Wohnberechtigungsscheine bei der Vergabe von Sozialwohnungen bevorzugt würden. Ich aber kam gerade aus der Wohnungsverwaltung, wo ich eben diesen ‚Freifahrtsschein ins Paradies‘ erhalten hatte, nachdem ich zwei Stunden hatte im Flur warten müssen.
Schweigend legte ich der Mitarbeiterin der Krankenkasse den Wohnberechtigungsschein vor und bat sie, mir das magische Zeichen zu zeigen, das den Aussiedlern angeblich Herzen und Türen der Wohnungsbaugesellschaften öffnen sollte. Sie hielt das Papier sogar gegen das Licht und suchte nach verborgenen Zeichen, konnte aber nichts finden. Es war ein ganz gewöhnlicher Wohnberechtigungsschein, wie ihn hier alle hatten. Die Wohnungen aber bekamen wir so schnell, weil wir nicht nörgelten, sondern einfach so schnell wie möglich aus dem Heim herauswollten und bereit waren, für sämtliche Renovierungsarbeiten selbst aufzukommen.
Es war schon komisch, eine halbe Stunde zuvor hatte die Mitarbeiterin der Wohnungsverwaltung von unseren fantastischen Vergünstigungen bei der Krankenversicherung geredet. Mit galligem Sarkasmus hatte sie mir er-

klärt, dass ich gar nicht erst zur Krankenkasse gehen müsse, denn wenn einem Aussiedler etwas passiere, würden sie ja sowieso mit dem Hubschrauber kommen. „Sie haben doch solche Vergünstigungen in der Krankenkasse", folgte als Erklärung das dämliche, universell anwendbare Märchen.
Grinsend schlug ich der Mitarbeiterin der Krankenkasse nun vor, sie solle doch gleich mal bei der Wohnungsverwaltung anrufen und diese Frage ein für alle Mal klären. Und gleichzeitig ihre Kollegin über die ‚sagenhaften' Vergünstigungen aufklären, die uns in ihrer Branche, der Medizin, zustünden. Außer sich vor Empörung griff sie zum Totschlagargument: „Sie hätten ja nicht herkommen müssen, ich habe Sie nicht hergeholt!"
Tja, da war ich erst einmal baff, da war ich erst einmal geschlagen! Aber hatte ich es persönlich dieser Angestellten zu verdanken, dass ich hier war? War sie etwa Deutschland und ließ sie mich hier leben?
„Darf ich jetzt auch nicht mehr atmen?", wurde ich auch noch frech. „Wollen Sie mir auch die Luft zum Atmen nehmen?"
Meine Frechheit imponierte ihr wohl doch, denn ohne weitere Diskussionen flitzten ihre Finger über die Computertastatur, und sie stellte mir die nötigen Papiere aus. Hoffentlich hatte sie auch alles richtig ausgefüllt. Doch ich nahm mir ein für alle Mal vor, nie wieder in neuen Turnschuhen bei Behörden vorzusprechen.

Das beschwerliche Anliegen eines Bettkaufs

Es hat schon seine Zeit gedauert, bis ich nach langer Suche endlich eine Wohnung im Ostteil der Stadt gefunden hatte. In Westberlin wollte mich keiner haben, einen Arbeitslosen ohne geregeltes Einkommen, der es mit seinen 33 Jahren nicht weiter als bis in ein Heim für Obdachlose geschafft hatte, und der durch sein holpriges Deutsch wohl auch nicht so bald in Lohn und Brot kommen würde. Bei den zahlreichen Vorstellungsterminen bin ich jedes Mal an diesen drei Punkten gescheitert. Plötzlich war die gerade noch zur Verfügung stehende Wohnung immer schon an jemand anderen vergeben. Nur in der Plattenbausiedlung, wo nach der Wende immer mehrere Wohnungen leer standen, war ich auch mit all meinen Unzulänglichkeiten willkommen. Komisch, aber meinen Gang nach Osten empfand die Heimverwaltung im Westen, die vorher nie von mir Notiz genommen hatte, plötzlich als Verrat in dem Sinne, ‚wie ich nur eine Wohnung bei diesen Kommunisten' mieten wollen könne, und warf mich kurzerhand aus meinem Zimmer.

Ein Taxi ist ein unerschwingliches Vergnügen für einen auf Sozialhilfe angewiesenen Migranten, wenn man seine Sachen an das andere Ende der Stadt transportieren will. Deshalb zog ich nach alter Aussiedlertradition mit der U-Bahn und der S-Bahn um, bepackt wie ein Karawanenkamel. Die einheimischen Deutschen mit ihren leichten Taschen hielten mich wohl für eben dieses Lasttier und wichen empört meinen Bündeln aus. Und

natürlich sahen sie in mir einen fürchterlichen Geizkragen, der auf Kosten ihrer eigenen Bequemlichkeit sparte. Nach zwei Fahrten dieser Art war ich physisch und moralisch so am Ende, dass ich es gerade noch schaffte, über die Schwelle meiner Wohnung zu kriechen und mich in der Dunkelheit irgendwie auf den auf dem Fußboden ausgebreiteten Zeitungen auszustrecken. Zu allem Übel gab es in meinem Domizil nämlich kein Licht. Nachdem meine Vormieter ausgezogen waren, hatten die peniblen Deutschen den Stromzähler verplombt. Es gab auch kein Wasser, mit dem ich meinen Durst, der dem eines Kamels nicht unähnlich war, hätte stillen können. Der Wasserzähler (ein Gegenstand, von dessen Existenz wir in der ehemaligen Sowjetunion nicht einmal wussten) war nämlich ebenfalls gesperrt.
Und so standen mir für den nächsten Tag zwei wichtige Aufgaben bevor: Einerseits dafür zu sorgen, dass meine Wohnung wieder an die Versorgungssysteme angeschlossen wurde, und mir andererseits für die nächste Nacht wenigstens eine Matratze zu kaufen. Das Problem mit dem Wasser war schnell gelöst: Der Hausmeister schloss es mir an, ein Elektriker aber würde erst am nächsten Tag kommen. Und so machte ich mich mitten im zivilisierten Europa auf in einen Haushaltswarenladen, um Kerzen und einen Benzinkocher zu erstehen, um die nächste Nacht nicht mit leerem Magen im Dunkeln zu verbringen. Voller Mitleid dachte ich an meine ‚stummen' Stammesgenossen, für die jedes in einen Telefonhörer gesprochene deutsche Wort eine Heldentat war. Diese ‚Kinder der Finsternis' schlugen sich mitunter

wochenlang durch den Dschungel der Versorgungsbetriebe.

Nun brauchte ich eine Matratze. Den ganzen Tag schon, während ich dauernd meinen vom Schlafen auf dem Fußboden steif gewordenen Hals massieren musste, hatte ich unausgesetzt daran gedacht.

Im Matratzengeschäft verblüffte man mich damit, dass der uns ans Herz gewachsene gestreifte, mit Baumwolle gefüllte weiche Strohsack hier schon lange aus der Mode gekommen und von etwas abgelöst worden war, dessen Konstruktion mit Federn, Drahtgestellen sowie mehrschichtigen Belägen ausgeklügelt war und die es in einer geradezu erdrückenden Vielfalt gab. Nachdem ich dieses ‚Wunderwerk des deutschen Erfindungsgeistes' mehrmals forschend hin und her gewendet hatte, konnte ich mir immer noch nicht vorstellen, wie das zum in der alten Heimat gewohnten Bettgestell mit einem aufgespannten federnden Drahtnetz passen sollte. Also überlegte ich mir, ich würde mir mal im Bettengeschäft nebenan alles zusammen anschauen, vielleicht käme ich dann dahinter. Doch da mir diesmal die ‚raffinierte deutsche Matratze' fehlte (verdammte Spezialisierung!), wurde wieder nichts daraus. Der Verkäufer, der durch meine unverhohlene Neugier hellhörig geworden war, fragte mich vorsichtig, was mich denn an einem bestimmten französischen Bett so sehr interessieren würde.

„Wo kommt denn hier die Matratze hin?", brachte ich heraus, ohne mich klüger zu stellen, als ich war.

„Dazu gehört gar keine Matratze", erwiderte der Verkäufer mit noch größerer Vorsicht im Blick. (Diese Franzo-

sen mit ihrer Neigung zu Extravaganz, was hätte man von denen auch anderes erwarten sollen, blamierten mich jetzt bis auf die Knochen!) „Matratzen braucht man für italienische Betten, Modellbetten, norwegische Betten, Wandklappbetten, Betten, die zu kompletten Schlafzimmern gehören, und Eisenbetten“, zählte er unermüdlich auf. (Für die Einheimischen sind das bestimmt Binsenweisheiten, für unsereinen aber ein Buch mit sieben Siegeln.) „Was für ein Bett brauchen Sie denn?“
Das war eine gute Frage! Da ich nicht vorhatte, den Verkäufer noch weiter zu amüsieren, verlangte ich nach einem Musterkatalog. In diesem gewichtigen Wälzer fand ich anhand der Bilder tatsächlich etwas, das der mir vertrauten Schlafstatt nahe kam. Ich bezahlte also an der Kasse meinen Kauf und sonnte mich schon im Vorgefühl dessen, wie ich mich in der kommenden Nacht in die weichen Daunen betten würde, wie ich mich über die gesamte Breite ausstrecken würde, die der einer Pferderennbahn nicht unähnlich wäre. Doch anstatt eines Bettes erhielt ich einen Bon mit der Versicherung, dass ich dadurch, dass ich mit dieser seriösen Firma ein Geschäft abgeschlossen hätte, keinesfalls länger als zwei Monate auf die Lieferung warten müsste.
„Wo kommt denn diese Lieferfrist her?“, fragte ich laut.
Der Verkäufer wunderte sich wieder über meine Naivität und beantwortete meine Frage in dem Sinne, dass es mir doch auf einen Monat mehr oder weniger sicher nicht ankäme. Ehe man schließlich die Bestellung ans Werk geschickt hätte, das Bett dort zusammengebaut und dann geliefert würde – da könnten schon mal gut und

gern zwei Monate ins Land gehen. Immerhin sei der Kauf eines Schlafzimmers eine ernsthafte Angelegenheit, die man auf Jahre im Voraus plane.
Um zurückzurudern, war es zu spät: Das Bett war schon bezahlt. Ich nutzte die Gelegenheit und versuchte wenigstens herauszubekommen, welche Größe die Matratze haben müsste, die ich für mein neues Bett brauchen würde. Dann rannte ich im Sprint in das erste Geschäft zurück, um vor Ladenschluss wenigstens noch eine Matratze zu erstehen, da ich mit Schrecken daran dachte, dass ich sonst vielleicht noch eine Nacht auf dem nackten Fußboden verbringen müsste.
Ein zu einfach gedachter Wunsch, wie sich herausstellte, als sich neben der endlosen Reihe von Mustern der Verkäufer bei mir erkundigte: „Wünschen der Herr eine Latexmatratze zu erwerben oder eine Federkernmatratze, eine Taschenfederkernmatratze mit einer Schaumstoffunterlage und Wildschweinborsten, und welchen Bezugsstoff hätten Sie gern?“
„Was können Sie mir denn empfehlen?“, rettete ich mich in eine Gegenfrage, um nicht unwissend zu wirken.
„Ich rate Ihnen zu unserer Hausmarke: Das ist eine Taschenfederkernmatratze mit Kokosfasern, die mit einer atmungsaktiven Baumwollschicht auf der Sommerseite und einer wärmenden Schicht aus Schafwolle auf der Winterseite ausgestattet ist.“
Meine Augen wurden immer größer angesichts der grenzenlosen Fantasie derer, die sich so etwas auszudenken imstande sind.

Mein Berater hingegen beglückwünschte mich zu der guten Wahl und erkundigte sich, ob ich denn die optimalen Lattenroste für dieses Wunderwerk hätte. Dieses Wort, das für mich völlig unerwartet aus dem Nichts aufgetaucht war, brachte mich wieder zur Verzweiflung.
„Was für welche haben Sie denn?", antwortete ich wieder mit einer Gegenfrage.
„Einfache, mit Riemen befestigte, die sich mit dem Körper bewegen, Lattenroste mit beweglichem Kopf- und Fußteil und schließlich das komplette Set in bester Qualität mit einem Elektromotor, doch das ist sehr teuer!", verblüffte er mich mit dieser neuen Information.
„Wissen Sie, ich würde das gern mal anfassen", versuchte ich wieder, mich aus der heiklen Situation herauszuwinden. Und nun hielt ich etwas in den Händen, das einer Strandliege mit Querstreben und einem Elektromotor ähnelte. Der Verkäufer erläuterte mir, dass das eigentliche Bett, bildlich gesprochen, nur ein Holzkasten sei. Dort werden diese verdammten Lattenroste mit den Streben an den Riemchen eingehängt, auf die anschließend die wie ein Blätterteig geschichtete Matratze mit der Unterlage aus Palmfasern, Wolle und Baumwolle gelegt wird. Das Ganze wird dann mit einem Spannbettlaken bezogen, für das es in unserer geliebten alten Heimat bisher nichts Vergleichbares gibt.
Da mich die neu gewonnenen Erkenntnisse dieses Tages offensichtlich überfordert hatten, kaufte ich als Erstes diese vermaledeiten Gitter. Doch bereits auf dem Heimweg fiel es mir wie Schuppen von den Augen: Welher Teufel hatte mich geritten, sie zu nehmen, darauf

konnte man doch nicht schlafen! Soweit das Gewicht meiner sperrigen Last es zuließ, rannte ich im Galopp zurück ... und stand vor den bereits verschlossenen Türen des Geschäfts! Ich verfluchte meine eigene Dummheit und schleppte die Roste nun schon zum dritten Mal denselben Weg und trug auf diese Weise sehr zur Heiterkeit der Passanten bei, die nicht verstehen konnten, warum ich nicht mit dem Auto fuhr. Ich konnte ihnen ja nicht erklären, dass ich noch nicht motorisiert war und auch meine Freunde über keinerlei fahrbaren Untersatz verfügten, und dass es, ohne an den hiesigen Verkehr gewöhnt zu sein, nur einem Selbstmörder einfallen würde, sich ans Steuer eines Mietwagens zu setzen.
Mit einem konfusen Lächeln versuchte ich, unbekümmert auszusehen, während mir eigentlich fast die Arme abfielen. Ich tat, als würde mir diese Art von Krafttraining Vergnügen bereiten. Als wäre ich ein orthodoxer Ökofreak, der Autos grundsätzlich ablehnt. Zu Hause warf ich die nutzlosen Teile in die Ecke und briet mir mit Hilfe von Spiritustabletten ein Rührei in der Pfanne aus dem Heim.
Am nächsten Morgen drehte der Elektriker pünktlich zur vereinbarten Zeit die Sicherungen wieder ein und ... es ward Licht! Zum Frühstück gab es dann schon ein auf dem Elektroherd gebratenes Spiegelei.
Wie es immer ist, fingen nach dem Angenehmen wieder die Unannehmlichkeiten an. Als ich das Problem mit der Matratze gelöst hatte, machte ich mich auf, die anderen Möbel zu bestellen, wie etwa einen Tisch, um daran zu essen. Doch auch in den anderen Geschäften lief es

nach demselben Prinzip ab: zuerst die Bestellung, und einige Zeit später erfolgte die Lieferung. Der Verkäufer klärte mich allerdings darüber auf, dass es besser wäre, erst später zu zahlen, weil die Motivation, sich zu beeilen, auf diese Weise für den Lieferanten größer wäre. (Daraus zog ich einen Schluss, der mir wenig Anlass zur Freude gab: Auf das bereits bezahlte Schlafzimmer würde ich wohl länger als auf alles andere warten müssen.)

Als ich im Kreis meiner Landsleute mein Leid mit der leeren Wohnung beklagte, schlugen diese mir vor, abends durch die Straßen zu streifen: Die einheimischen Deutschen würden manchmal solche Möbel auf die Straße stellen wie die, um die man sich bei uns in den Warteschlangen der Geschäfte sogar geprügelt hatte.

Ich vertraute ihrem Rat und als es dunkel wurde, durchkämmte ich so, als machte ich einen Abendspaziergang, systematisch meine ganze Umgebung. Plötzlich stieß ich auf einen Kühlschrank, den ich wirklich unbedingt brauchte. Wie ein Dieb schlich ich mich an ihn heran, als sich plötzlich ein Fenster öffnete, und die Besitzer mir versicherten, dass der Kühlschrank in wirklich tadellosem Zustand sei (er sei immerhin von Bosch!), und dass sie mir den Kühlschrank mit den besten Wünschen schenken würden und mir gern behilflich seien, ihn auf den Wagen zu laden, den ich mir im nahe gelegenen Supermarkt ausgeborgt hatte. Eigentlich war dieser Wagen für den glatten Supermarktboden gedacht und holperte daher mit ohrenbetäubendem Getöse über die Schlaglöcher des Bürgersteigs, während ich mit versteinerter Miene meine Neuanschaffung zu mir nach Hause

bugsierte, wobei ich die dunkelsten und menschenleeren Gassen wählte, um nur ja nicht einem meiner neuen Nachbarn zu begegnen.
Lediglich an einer Kreuzung traf ich auf zwei gelangweilte Prostituierte. Verwundert lauschten sie dem Getöse meines Wagens, machten sich aber für alle Fälle hübsch – wer weiß, vielleicht lief ihnen ja ein Freier mit einem besonders extravaganten Gefährt in die Arme! Als sie mich aber erblickten, brachen sie in schallendes Gelächter aus. Aus professionellem Übermut heraus fingen sie aber trotzdem an, mich zu foppen: Sie schickten mir gehauchte Küsse und wackelten herausfordernd mit den Hüften.
„Eh, Russe", riefen sie mir zu (als ob das schon auf meiner Stirn geschrieben stünde). „Wirf den Kühlschrank weg und komm zu uns!" Dann brachen sie wieder in Gelächter aus, weil sie ganz genau wussten, dass ich meine Beute um nichts in der Welt im Stich lassen würde. So zog ich mich mit einem Scherz aus der Affäre: „Mädels, für euch hab ich jetzt keine Zeit. Im Moment habe ich Wichtigeres zu tun ..."

Teure Fahrten

Auf dem Bahnsteig der Berliner U-Bahn fiel mir sofort eine Familie meiner Landsleute aus Russland auf. An einem Fahrkartenautomaten stand gestikulierend der Familienvater, umringt von Frau und drei Kindern, und schimpfte aufgebracht auf Russisch: „Das ist doch nicht zu fassen! 11 Euro für eine einfache Fahrt! Diese Bahn ... Alles Räuber!"
Als er merkte, dass ich die Sprache verstehe, wandte er sich zu mir: „Ich begreife nicht, wie man bei diesen Preisen in Deutschland über die Runden kommen kann."
Eigentlich war ich über die Fahrkosten auch nicht besonders glücklich, aber so schlimm fand ich es auch wieder nicht.
„Mir reicht's irgendwie aus", sagte ich ziemlich gelassen, was mein Gegenüber sofort auf Hundertachtzig brachte.
„Dann verstehe ich überhaupt nichts mehr! Wir verfahren doch mehr, als im Monat in die Haushaltskasse kommt. Sparen schon an allen Ecken und Enden, kommen zu fünft für Essen und Kleidung mit 200 Euro im Monat aus. Wir laufen wie die Bettler in alten Klamotten herum, weil wir uns nichts Besseres leisten können. Und doch reicht es hinten und vorne nicht. Im vorigen Monat musste ich von gerade mal 1.200 Euro Einkommen die Hälfte, 600 Euro, allein für die Fahrkarten ausgeben. Und in diesem weiß ich überhaupt nicht, wie wir über die Runden kommen, weil wir noch öfter unterwegs sind. Halsabschneider sind das alles bei der Bahn, alles Banditen!"

Irgendwie kam mir die Geschichte merkwürdig vor, und ich fragte lächelnd mit etwas Skepsis in der Stimme: „Seit ihr Tag und Nacht unterwegs?“

„Das Übliche, du weißt schon. Zweimal im Monat zum Sozialamt, wo ich die ganze Familie dem Sachbearbeiter vorführen muss, sonst kriege ich kein Geld. Dann zum Arbeitsamt, zur Familienkasse, zur Krankenkasse, zum Wohnungsamt. Du kennst das ja, wie man hier von einem Beamten zum anderen gejagt wird. Jeden Tag hast du eine Strecke zurückzulegen. Jetzt sind wir unterwegs zum Bundesverwaltungsamt, wo uns endlich die nötigen Papiere ausgestellt werden sollen.“

„Dann lasst euch doch in einer Limousine kutschieren“, bemerkte ich witzelnd.

„Das täten wir gern, aber wir armen Sünder sind auf öffentliche Verkehrsmittel angewiesen.“

„Wie kommt ihr eigentlich zu solchen Summen?“, wunderte ich mich.

„Rechne doch mal selbst nach: Mit der Straßenbahn bis zur U-Bahn – 2,10 Euro pro Ticket, also muss ich 11 Euro hinblättern. Dann mit der S-Bahn noch mal so viel. Dasselbe dann noch mal für die Fahrt mit dem Bus. Insgesamt 33 Mäuse nur in eine Richtung. Und dasselbe zurück ...“

Jetzt erst ging mir ein Licht auf: In unserer alten Heimat, in Russland, wurde für jede einzelne Fahrt in jedem Verkehrsmittel, beim Einsteigen in den Bus, die Straßenbahn oder die U-Bahn – auch beim Umsteigen – ein neues Ticket gekauft.

„Hat euch denn niemand erklärt, dass in Berlin eine Fahrkarte für alle Transportmittel gültig ist? Und das für ganze zwei Stunden."

„Für zwei Stunden?" Meine Worte trafen meinen Gesprächspartner wie ein Blitz.

„Und die zwei Kleinsten dürfen überhaupt kostenlos fahren", füge ich hinzu.

„Kostenlos?", wiederholte er mit blassen Lippen.

„Und für jeden Erwachsenen ist eine Monatskarte mit Ermäßigung für vierzig Euro zu kriegen", holte ich meinen letzten Überraschungstrumpf heraus. „Für fünf Personen hätte euch der ganze Spaß gerade mal zweihundert im Monat gekostet."

„Zweihundert Euro im Monat ..." Der Mann kam aus dem Staunen nicht heraus. „Vierhundert Euro Ersparnis ...?" Sein Gesicht hatte dabei solch einen gequälten Ausdruck angenommen, dass ich mich vorsichtshalber zwischen ihn und den einfahrenden Zug stellte.

Zum Abschied schüttelte mir der Familienvater so kräftig die Hand, als ob ich ihm das Leben gerettet hätte.

Verbannungsort Rügen

Wir freuten uns alle sehr auf unser Wiedersehen, meine Tante und meine Cousinen, die nach mir als Erste aus meiner Verwandtschaft nach Deutschland ausgewandert waren, und ich. Ich holte sie vom Flughafen Hannover ab und hoffte, sie bewegen zu können, mit mir nach Berlin zu kommen, um jemanden an meiner Seite zu haben und nicht allein zu sein. Wir hatten uns schon seit acht Jahren nicht gesehen und hatten uns auf dem Weg ins Aufnahmelager für Aussiedler in Bramsche eine Menge zu erzählen. Ich mochte meine Tante schon immer wegen ihrer heiteren Art, die Welt zu nehmen, wie sie ist, wegen ihres Optimismus und ihrer Unternehmungslust, durch die auch ich in so manche abenteuerliche Geschichte hineingezogen wurde und so manche Rüge einstecken musste.

Dabei hat meine Tante gar kein so heiteres Leben hinter sich. Sie hat mir erzählt, wie sie eines Tages mit ihrer ganzen Familie von Soldaten aus ihrem Heimatdorf an der Wolga abgeholt, auf einer Eisenbahnstation in einen Viehwaggon verladen und in Richtung Norden abtransportiert wurde. Mit acht Jahren sah sie es eher als ein Abenteuer an, konnte sich aber noch genau an die Fahrt erinnern. Wie vor dem mit Stacheldraht ‚verzierten' Fenster die gewohnte Steppe dem Wald wich, der immer dunkler und dichter wurde. Wie die Natur rundherum immer rauer wurde, die Siedlungen seltener, bis letztendlich nur ein einsamer Stapel geschlagenes Holz auf die Anwesenheit von Menschen hindeutete. Wie sie ir-

gendwann nach der tagelangen Fahrt im hohen Norden landete, wo sie ganz schnell den eisigen Winter mit Temperaturen unter minus vierzig Grad, die wilden Schneestürme und den Hunger zu spüren bekam – die ganze Härte der Verbannung.
Schon immer wollte meine Tante fort von diesem damals verfluchten Ort hinter dem Polarkreis, besonders wenn sie bei uns im etwas milderen Sibirien im Urlaub war. Aber irgendwie konnte sie es nicht schaffen. In den Jahren der Zwangsumsiedlung war sie dort heimisch geworden, hatte geheiratet, drei Kinder zur Welt gebracht und sich ein Zuhause aufgebaut. Und doch, im tiefsten Inneren, träumte sie davon, sich eines Tages aus diesem Sträflingsloch zu befreien.
Und erst mit der Umsiedlung nach Deutschland hatte sie es endlich geschafft. Sie rückte nicht nur 5.000 Kilometer und 80 Längengrade von Osten nach Westen, aus Sibirien nach Europa, sondern auch noch 2.000 Kilometer und 20 Breitengrade in Richtung Süden. Auf Letzteres war sie besonders stolz, weil sie immer schon in eine warme Gegend ziehen wollte.
Also waren wir alle glücklich und verbrachten das Wochenende gemeinsam. Am Montag musste ich zurück nach Berlin zu meiner Arbeit, aber wir verabredeten, dass meine Tante die Behörde bitten würde, ihr und ihrer Familie einen Wohnort in meiner Nähe zuzuweisen. Nach den neuen Gesetzen konnte ein Aussiedler nicht frei entscheiden, wohin er ziehen wollte, sondern bekam vom Bundesverwaltungsamt eine Gemeinde zugewiesen.

Es musste schon etwas Außergewöhnliches passiert sein, als sich meine Tante nicht wie verabredet Anfang der Woche bei mir meldete. Erst am Wochenende bekam ich einen Anruf ... von der Insel Rügen. Und sie erzählte mir eine unglaubliche, aber für die Russlanddeutschen auch wieder typische Geschichte: „Als wir am nächsten Tag in der Behörde vorsprachen, schnauzte der Beamte mich an, als ob ich Gott weiß welches Verbrechen begangen hätte, weil ich nach Deutschland gekommen bin. Ich bin ein anständiger Mensch und nach allen Gesetzen legal herübergekommen, aber der behandelte mich, als ob ich gekommen wäre, um ihm das letzte Stück Brot wegzunehmen. Letztendlich vermeldete er, wie ich glaube, mit Schadenfreude: ‚Tut mir leid, aber Berlin hat seine Aufnahmequote schon ausgeschöpft. Deswegen muss ich Ihnen den Ort Sellin auf Rügen in Mecklenburg-Vorpommern zuweisen.'
Ich versuchte, ihn zu überreden – aber vergebens. Er wies mich nur auf einen bestimmten Paragraphen des Gesetzes hin, dem ich mich zu fügen hätte. Bedrückt schleppte ich mich zurück ins Heim, machte in meinem Zimmer den Reiseatlas auf – und plötzlich blieb mir das Herz stehen: O Gott, dieser Ort Sellin befindet sich an der nördlichen Spitze von Deutschland. Wieder sollten wir in den hohen Norden der Karte, in die permanente Kälte, von wo wir unser Leben lang weg wollten. Weinend rannte ich zurück in das Verwaltungsgebäude und bettelte, flehte den Beamten an, er solle uns doch woanders hinschicken. Der aber blieb hart wie Stein: ‚Die Reisepapiere sind schon ausgestellt, Ihre Unterla-

gen der Landeszentrale in Schwerin zugeschickt. Tut mir leid.' Gott, haben wir an diesem Abend geheult.
‚Nie im Leben hatten wir Glück', jammerte ich von Tränen überströmt, ‚ich musste die besten Jahre meiner Jugend hinter dem Polarkreis zubringen, wo wir nichts außer Schneestürmen und ewigem Eis gesehen haben. Jetzt müssen das auch noch meine Kinder durchmachen. Tausende Aussiedler aus Mittelasien, Kasachstan, Usbekistan, Kirgisien, werden wieder in den Süden nach Bayern und Baden-Württemberg geschickt, und unsere Familie muss in den Frost.' Am Boden zerstört, setzten wir uns am nächsten Morgen in den Zug und schauten aus dem Fenster, wie das flache Land von Niedersachsen den ersten Kiefernwäldern vor Mecklenburg-Vorpommern wich, die immer dichter und dunkler wurden. Die Siedlungen wurden immer seltener, die Natur immer unfreundlicher und rauer. Als wir dann entlang des Weges noch paar Stapel geschlagenes Holz erblickten, heulte die ganze Familie laut los, wie auf einem Begräbnis. Alles wie damals, bei unserer Verschleppung von der Wolga in den verdammten Norden, wo es nur Kälte und Mücken gab. Das war wohl der bitterste Moment in meinem Leben."
Danach brach meine Tante in Gelächter aus: „So dumm sind wir damals gewesen. Als wir am nächsten Morgen die freundliche Sonne über dem tiefblauen Meer erblickten, die goldenen Strände und die weißen Kurhäuser entlang der Promenade, all das schick gekleidete Publikum, das zu den Cafés und Restaurants flanierte ..., da haben wir erst begriffen, dass wir in einem Kurort

gelandet sind. Und dass Leute Geld dafür bezahlen, um für ein paar Wochen hierher zu kommen. Plötzlich waren wir nicht mehr die unglücklichsten, sondern die glücklichsten Menschen auf der Erde, deren Lebenstraum endlich in Erfüllung gegangen ist."

Heute arbeiten meine Tante und meine Cousinen als Aushilfen in einem Restaurant an der Promenade und bekommen in der Touristensaison nicht viel von der Schönheit des Seebades zu sehen. Sie müssen im Sommer ihr Geld verdienen, weil sie im Winter arbeitslos sind. Wenn ich sie aber anspreche, ob sie nicht doch noch etwas südlicher zu mir nach Berlin umziehen wollen, antworten sie immer abweisend: „Nein, danke." Und lächelnd fügen sie hinzu: „ Wer sich einmal dem Norden verschrieben hat, der bleibt ihm immer treu."

Der Spion aus Russland

Es ist ein Irrtum zu glauben, dass mit dem Grenzübertritt ein neu erschaffener Mensch in Deutschland ankommen würde, ohne all seine Laster, Dummheiten und Irrglauben aus der Vergangenheit, so absurd Letztere in der neuen Umgebung nun auch erscheinen mögen. Nehmen wir zum Beispiel die in der Sowjetunion verbreitete Spionenmanie, den uns von Kindheit an eingehämmerten Glauben, der Westen habe nichts anderes zu tun, als unser Vaterland mit feindlichen Agenten zu übersäen. Und obwohl man sich nun genau dort befindet, woher diese Widerlinge aus dem Westen eigentlich gekommen sein sollen, scheint das so mancher noch nicht verinnerlicht zu haben, und er sieht die Welt auch weiterhin als Spielfeld von Geheimdiensten aller Art. Es war trotzdem eine gehörige Überraschung, als mich meine eigene Tante als feindlichen Agenten zu entlarven versuchte.

Meine Tante, aus einem kleinen Provinzstädtchen in Sibirien in ein kleines Provinznest am Rhein gezogen, hatte sich dank einer ihr eigenen gewissen Trägheit und mäßigen Sprachkenntnissen eine kleine Welt geschaffen, die aus ihrer Wohnung, dem Supermarkt und ein paar Freunden aus dem Aussiedlerkreis bestand. Die große Welt der Bundesrepublik blieb für sie das große Ungewisse, was sie durch die alten Feindbilder der Sowjetpropaganda teilweise als für sie selbst bedrohlich empfand.

Ich dagegen verdiente zur damaligen Zeit mein Geld als Reiseführer deutscher Touristengruppen in Russland und war ständig mit Gästen aus der Bundesrepublik unterwegs, mit denen ich mich stundenlang über ihr Leben in Deutschland unterhalten habe. Und so hatte ich, wenn es auch komisch klingen mag, im fernen Sibirien mehr Ahnung von dem, was in diesem Lande vor sich ging, als meine Tante, die seit Jahren hier lebte.

Als ich dann zum ersten Mal zu Besuch in die Bundesrepublik kam, pendelte ich von Stadt zu Stadt, von einem Freund aus meinen Reisegruppen zum nächsten, und erzählte ihr jeweils am Telefon, wo ich gerade war und welche Sehenswürdigkeiten ich mir angesehen hatte. Von Gespräch zu Gespräch konnte ich aus unerklärlichen Gründen wachsendes Misstrauen in ihrer Stimme feststellen.

„Woher hast du das Geld, um so nach Belieben von einem Ort zum anderen zu reisen?“ Sie selbst war in den zwei Jahren nicht weiter als bis nach Bonn gekommen, konnte sich finanziell weder ein Auto noch ein Zugticket von ihrer Sozialhilfe leisten und hielt dies für einen anständigen Menschen auch für eine Selbstverständlichkeit, da sich nur irgendwelche Gauner und Halunken meine Reisefreiheit gönnen konnten.

Als ich versuchte, sie über Wochenendtickets und Mitfahrzentralen aufzuklären wie auch über Bahnhofsmissionen und Jugendherbergen, in denen ich auch mal übernachtete, bewirkte es das Gegenteil:

„Woher bist du so gut informiert?“, wurde sie immer argwöhnischer. „Wer hat dir das beigebracht? Und überhaupt, warum sind die Deutschen plötzlich alle so nett zu dir?“

Nach einer Woche auf Reisen mit Aufenthalten in Berlin, Hamburg und Frankfurt kam ich endlich in die kleine Provinzstadt meiner Tante am Rhein, in ihre kleine Wohnung und ihre kleine Welt.
Den ganzen Abend über musste ich mir das übliche Migrantengejammer anhören, wie unerträglich sie es hier habe und – das Kurzzeitgedächtnis unserer Migranten erstaunt mich immer wieder – wie sorgenfrei das Leben einst in Russland gewesen sei. Als ich, der ich gerade aus dieser ‚heilen' Welt gekommen war, einfach nur versuchte, dieser Schönfärberei zu widersprechen, holte ich mir sofort eine Abfuhr: „Wie kannst du es nur wagen, dieses Land, in dem du zu Welt gekommen bist, so schwarzzumalen?". Und sie durchbohrte mich mit einem Blick, als wäre ich ein Vaterlandsverräter, der etwas auf dem Kerbholz hatte. Um nicht weiter mit ihr aneinanderzugeraten, wechselte ich das Thema und wollte etwas über die Gesellschaft hier hören. Und wieder war nach den Worten meiner Tante alles hier nicht richtig organisiert, die Beamten im Arbeits-, Wohnungs- und Sozialamt mies, und die Politik machte aus der Sicht der Tante sowieso alles falsch. Ich versuchte, dieses trostlose Bild nur anzuzweifeln, weil ja doch alles im Lande einigermaßen funktionierte, und schon war ihre Schlussfolgerung eindeutig: „Warum lobst du alles hier so? Wirst du von denen hier durchgefüttert? Jetzt verstehe ich, auf wessen Kosten du da herumreist." Und sie blickte mich voller Verachtung an wie Judas, den sie mit den dreißig Silberlingen ertappt hatte.

Als es nicht klappte mit dem Gespräch über die Gegenwart, versuchte ich es mit den Aussichten für die Zukunft. Und wieder prallten unsere Meinungen aufeinander, weil sie überzeugt war, dass Deutschland keine Zukunft habe, dass hier alles bergab gehe, aber Russland schon bald den technischen Fortschritt der Menschheit bestimmen würde. Weil es ja Raketen und Atom-U-Boote bauen kann – wie es einstmals die Sowjetpropaganda auch ihr eingehämmert hatte.
Ich konnte ihren Optimismus nicht teilen, und schon war sie sich in meiner Entlarvung sicher: „In wessen Diensten stehst du eigentlich?“, und demonstrativ räumte sie den Tisch ab, als ob sie mir sagen wollte, dass sie es nicht einsehe, so eine zwielichtige Gestalt wie mich auch noch mit Keksen zu verwöhnen.
Aber es sollte noch schlimmer kommen. In meiner Eigenschaft als Dolmetscher hatte ich einmal einen deutschen Industriellen auf einer Jagd in Russland begleitet, bei der er beinahe zu Tode gekommen wäre, als ein Bär auf ihn zustürmte, wären ihm die Begleitjäger nicht rechtzeitig zu Hilfe gekommen. Er war so dankbar für die Rettung, dass er jedem von uns aus der Begleitgruppe einen fürstlichen Empfang bei sich zu Hause in Deutschland versprach. Also rief ich ihn an und wir verabredeten uns so, dass er ein Auto schicken würde, um mich von meiner Tante abzuholen.
Als wir am nächsten Vormittag dasaßen und uns weiter über das Leben dort und hier stritten, klingelte es plötzlich an der Eingangstür.

„Frau Bender, ich bin der Chauffeur des Autos für Herrn Reiser. Könnten Sie ihm ausrichten, dass ich in fünf Minuten hochkomme, um seine Koffer abzuholen?"
Diesen Ausdruck der Verzweifelung auf dem Gesicht meiner Tante werde ich nie vergessen, als sie ein „Ja" herauspresste und etwas verwirrt zum Fenster eilte.
Als sie dann noch eine lange weiße Limousine, wie man sie aus Hollywood kennt, auf ihrem Hof vor der Eingangstür sah und der Chauffeur in einer Uniform mit goldenen Litzen ihr freundlich zuwinkte, war meine Tante am Boden zerstört. Wie eben ein Mensch, dessen Vermutung, dass sein Neffe ein feindlicher Spion und Verräter sei, plötzlich eindeutig und über jeden Zweifel erhaben bestätigt wurde.
Ich gestehe, ich habe den Augenblick genossen und mir damals nicht viel Mühe gegeben, meine Tante vom Gegenteil zu überzeugen. Zum einen aus Wichtigtuerei und weil ich etwas sauer auf sie war wegen ihren vorausgegangenen Bemerkungen, ich würde vom Leben hier überhaupt nichts verstehen. Also verließ ich sie ohne lange zu zögern und weitere Erklärungen abzugeben. Warum sollte ich auch, schließlich hatte ja nicht ich mir diese Verschwörungsgeschichte zusammengereimt. Und über ihre Phobien sollte sie auch mal nachdenken.
Teilweise hatte ich das tatsächlich erreicht. Schon am selben Abend, als ich sie anrief, erlebte ich eine Überraschung. „Um Gottes Willen, Alex, erzähle niemandem, was ich alte dumme Kuh so über die hiesigen Behörden und die Politik gesagt habe."

Sie glaubte bestimmt, dass so etwas wie der KGB demnächst bei ihr vorbeischauen und sie wegen mangelhaftem Patriotismus und Kritik am hiesigen Staatswesen belangen würde, wie es in der Sowjetunion der Fall gewesen wäre, hätte ich sie verpetzt. Um sie zu beruhigen, versprach ich, dass es unter uns bleiben würde, aber für die Zukunft solle sie mit ihrer unbegründeten Kritik etwas zurückhaltender sein, weil Verleumdung hier strafbar sei. Ich wollte sie damit animieren, aus ihrer kleinen Welt herauszukommen und die große Welt um sich herum kennen zu lernen.

Ich weiß nicht, wie weit es mir gelungen ist, denn von nun an hielt sich meine Tante sehr bedeckt. Und obwohl ich ihr schon mehrmals die Geschichte von dem Industriellen erzählt habe, hegt sie gegen mich immer noch den Verdacht, ich würde als Agent ein Doppelleben führen. Schon deswegen, weil ich für mich immer wieder neue Horizonte in Deutschland entdecke, in den Urlaub nach Italien fahre, meine Abende mit irgendwelchen Deutschen in den Kneipen verbringe und mir zur Fußballweltmeisterschaft sogar eine deutsche Fahne zugelegt habe, was ihr Misstrauen mir gegenüber weiter schürt und so manche Deutung in Bezug auf meine geheime Mission zulassen könnte.

Onkel Heinrich und die ‚Große Politik'

Mein neuer Nachbar Onkel Heinrich, ein rüstiger Rentner und ehemaliger Viehzüchter aus einem politisch eher verschlafenen Dorf in der kasachischen Steppe, glaubte plötzlich, in das politische Geschehen der deutschen Hauptstadt eingreifen zu müssen.

„Was streiten wir uns mit allen möglichen Bürohengsten herum, dass wir Aussiedler kein Gottesfluch für Deutschland sind. Wir müssen an die da ganz oben herantreten, dass die mal Schluss machen mit der ganzen Aufregung da unten ..."

Onkel Heinrich ist, wie so manch einer aus der älteren Generation der Russlanddeutschen, davon überzeugt, dass eine Größe aus der deutschen Politik im Rang des Genossen Stalin uns nur öffentlich zu ‚Brüdern und Schwestern aus Sibirien' erklären müsste, und schon wären Ablehnung und Spott uns gegenüber beendet. Und weil er sich in Berlin in der Nähe des ‚deutschen Generalsekretärs' im Kanzleramt zu befinden glaubte, war Onkel Heinrich jetzt also entschlossen, ihm die Augen zu öffnen, um das an der Basis in Schieflage Geratene von oben wieder geradezurücken.

Es war hoffnungslos, ihn davon überzeugen zu wollen, dass unsere Vorstellungen vom Staatswesen nicht denen in Deutschland entsprechen. Genauso wie unser brüderliches Empfinden für einen Deutschen, dem man in den Weiten Kasachstans begegnete, einmalig war, weil es dort nicht viele Deutsche gab, die in der Not der Verfolgung aufeinander angewiesen waren. Hier dagegen gab es sie wie Sand am Meer, es ging ihnen gut, und es gehörte zum guten Stil, auf die Deutschen und alles Deutsche zu schimpfen. Und unser damaliges Bekenntnis, ‚Deutscher zu sein', mit dem wir der Staatsmacht und der Unterdrückung als nationale Minderheit trotzten, wurde hier als eine rückständige Deutschtümelei angesehen, was ein aufgeklärter Mensch nur noch als lächerlich empfinden konnte.

Der Onkel wollte sich aber nicht besinnen und machte sich mit mir auf den Weg zu einer Tagung über Integrationsarbeit mit Aussiedlern, wo er den hohen Herren von der Politik endlich die Augen zu öffnen glaubte. Obwohl solche Veranstaltungen wie ein Kongress über das außerirdische Leben auch ohne die Betroffenen auskommen, vertreibt uns wiederum keiner, wenn wir dort zufällig aufkreuzen.

Schon im Foyer büßte er einen Großteil seines Kampfgeistes ein, als er auf all die gepflegten, gut gekleideten Damen und Herren traf, die sich schon äußerlich sehr von den von Steppenwinden gegerbten, im Billigladen gekauften Klamotten der ‚Brüder und Schwestern aus Kasachstan' unterschieden.

Etwas verunsichert nahm er in der letzten Reihe Platz, als schon zum Auftakt der Tagung der ranghöchste Bruder so richtig auf uns eindrosch. Gleich im ersten Satz bezeichnete er uns als ein ‚Problem', das für die ganze Gesellschaft eine Herausforderung darstelle, die dem Land durch die Kurzsicht der anderen Partei (von der auch nichts anderes zu erwarten gewesen sei) aufgezwungen worden war und die seine Partei jetzt endlich anpacken und bewältigen würde.

Obwohl meinem Onkel Heinrich statt des erwarteten ‚brüderlichen Empfangs' schon die Bezeichnung als ‚Problem' ganz schön zu schaffen machte, sollte es noch dicker kommen, als ein in der Klatschpresse als Star gefeierter Kriminologe noch eins draufsetzte. Er habe ‚wissenschaftlich' herausgefunden, dass „die so genannten Deutschen aus Sibirien" auch noch drogensüchtig, kriminell und gewalttätig seien, weil die Männer einfach nicht von dieser blöden Gewohnheit lassen könnten, ihre Frauen vor den Augen ihrer Kinder zu verprügeln, und so ein gewalttätiges Verhaltensmuster bei den Heranwachsenden prägten, die dann ihrerseits nicht mehr zu retten seien. Der Kriminologe wusste sich immer mit einer sensationsträchtigen ‚Story' ins Rampenlicht zu bringen, die aber mit der Realität nicht immer was zu hatte. Onkel Heinrich jedoch, der als gläubiger Christ seiner lieben Frau Maria im ganzen Leben nicht einmal auf die Finger gehauen hatte, trafen diese ‚wissenschaftlichen Erkenntnisse' wie ein Hammerschlag.
Als sich die gut gekleideten Damen und Herren, Leiter von irgendwelchen Integrationsprojekten, auch noch der Reihe nach stöhnend und schluchzend beklagten, wie schwer es sei, mit dem ‚Problem' trotz ihrer heldenhaften, alltäglichen Opferbereitschaft zurechtzukommen, weil sie am hartnäckigen Unwillen der Betroffenen scheiterten, war mein Onkel vollkommen erledigt.
„Nimm es nicht persönlich, das ist rein geschäftlich", versuchte ich, ihn etwas später in der Pause beim Kaffee zu trösten. „Du musst es auch aus ihrer Sicht sehen: Wärst du kein Problem, würde es kein Geld für die Pro-

blemlösung geben. Und wovon sollen diese armen Leute dann leben?“

„Ich hatte gedacht, dass wir uns, wie es sich unter Brüdern gehört, zusammensetzen und überlegen, wie wir gemeinsam das Problem lösen: Wie wir unseren Jugendlichen die Sprache beibringen und den Erwachsenen Arbeit verschaffen.“

„Tja, lieber Onkel, mit deinen ‚Brüdern und Schwestern‘ ist es wohl so eine Sache. Wie mit den lange nicht gesehenen Verwandten. Wenn man sie nicht braucht und sie zum Mittagessen anrücken, dann wünscht man sich, eine solche Verwandtschaft soll sich lieber zum Teufel scheren.“

„Dass du darüber noch lachen kannst“, meinte unser Onkel untröstlich, „wir wollen doch helfen.“

„Weißt du, mit deiner Hilfsbereitschaft ... Stell dir vor, jemand hat dich im Dorf bestellt, um einen Haufen Kohlen zu verladen, und würde dich reichlich bezahlen. Und dann tanzt so ein ‚Helfer‘ mit seinem eigenen Spaten an und will mit anpacken. Dem hättest du doch auch mit der Schaufel eins über das Kreuz gezogen für seine Hilfsbereitschaft.“

Düstere Wolken zogen jetzt über des Onkels Gesicht – unser Politik-Neuling hatte es nicht leicht, auf den Boden der Tatsachen zurückzukommen. Sich nach der Vorfreude auf das Wiedersehen mit seinen ‚Brüdern‘ plötzlich als ein gewalttätiges ‚Problem‘ betrachten zu müssen, das seine Frau vor den Kindern prügelt und ihnen damit die Zukunft versperrt, das war schon ein harter Brocken.

„Ach, Alter, bleib locker. Gewiss bist du nicht drogensüchtiger als andere und prügelst deine Frau nicht jeden Tag. Aber mit ein paar harten Tatsachen wirst du dich abfinden müssen: Damit, dass das Land dich zurzeit nicht braucht, einen, der es schwer hat, einen Job zu finden, die Sprache schlecht kann, jahrelang von der Staatskasse leben wird und damit tatsächlich ein ‚Problem' darstellt. Und damit, dass die Leute mit diesen Schlagzeilen ihr Geld verdienen, Karriere als Experten oder Journalisten machen oder mit dem politischen Gegner abrechnen. Sie haben nichts gegen dich persönlich, aber so läuft hier das Geschäft, man braucht ein ‚Problem', und du eignest dich in deiner Wehrlosigkeit hervorragend zum Prügelknaben."

Als ich den enttäuschten Onkel Heinrich nach Hause brachte, dachte ich, dass die Sonderstellung als Hauptstadt auch ganz schön zu einem Nachteil werden kann, weil einem da schneller die Augen geöffnet werden. Sonst hätte Onkel Heinrich weiter an seine Vorstellung von der Heimkehr zu den Brüdern und Schwestern geglaubt und an einen übermächtigen Genossen Stalin der deutschen Politik, der den Aussiedlern gegenüber alles geraderücken kann.

Die Möbel für meinen Vater

Diesen Ausdruck der bitteren Enttäuschung auf dem Gesicht meines Vaters werde ich niemals vergessen. Das Leben ist unfair, sicherlich hat es ihm auch schon früher einige Schläge versetzt, aber diesmal sah es so aus, als lastete auf ihm der Schmerz der ganzen Welt.

Dabei hatte alles so wunderbar angefangen. Seit drei Wochen hatte er eine neue Wohnung. Sie war noch nicht ganz eingerichtet, aber immerhin war das besser als das Leben in einem Heim, wo er vorher fast ein Jahr lang nach der Umsiedlung nach Deutschland gelebt hatte. Abends pflegte er seine Spaziergänge durch die Umgebung zu machen, die mehr Hamsterausflügen glichen, denn er brachte jedes Mal irgendein gebrauchtes Möbelstück oder einen anderen nützlichen Gegenstand für den Haushalt mit nach Hause. Ich glaube, er hat das Heimleben auch deshalb nur so schwer ertragen, weil er täglich an so manchen prächtigen Dingen vorbeigehen musste und sie nicht mitnehmen konnte. Für seine bäuerliche Seele war das die größte Versuchung. Also, jetzt hatte er seine eigenen vier Wände und konnte sich so richtig austoben.

Wie er uns danach erzählte, war er auch diesmal durch die Gegend gestreift und dabei plötzlich auf einen im Hof abgestellten Schrank gestoßen. Vorsichtig pirschte er sich heran, um das Möbelstück zu begutachten. Da öffnete sich plötzlich oben im ersten Stock das Fenster, und ein Mann fragte ihn: „Brauchen Sie Möbel?“

„Ja, wir sind erst umgezogen.“

„Dann kommen sie doch rein.“

Was mein Vater drinnen zu sehen bekam, hatte ihn offenbar sehr beeindruckt. Er schwärmte danach von mit Gold verzierten Wandschränken, fein geschnitzten Stühlen und Tischen und sogar von einer weißen Schlafzimmergarnitur. Es ließ sich nachher nicht nachprüfen, ob die Möbel tatsächlich so schön waren oder nur der Fantasie meines Vaters entsprangen. Fest stand nur eines – der Hausherr hatte ihm ein Angebot gemacht.

„Ich muss bis Montag raus aus der Bude. Ziehe nach München um. Wenn du morgen um 12 Uhr hier bist, kannst du all diesen Kram ausräumen. Sonst hole ich eine Entrümpelungsfirma und die säubert mir die Kammer.“

„Ich kann sie schon in einer Stunde ausräumen“, bot sich mein Vater eifrig an.

„Glaube ich schon“, meinte der Mann lächelnd, „aber irgendwo muss ich ja heute Nacht noch schlafen. Also, dann bis morgen.“

Ich vermute, dass mein Vater den Weg zurück gelaufen war, weil er so schwer atmete, als er mich mitten in der Nacht anrief.

„Sohn, du? Es ist eilig ...“

„Um Gottes willen, was ist passiert?“, fragte ich voller Sorge.

„Möbel ... Ein Haus voll Möbel ... Mit Gold verziert ...“

Ich war schon der Vermutung nahe, dass mein Vater sich zu sehr auf die Sache mit der Möbelbeschaffung eingelassen und sich übernommen hatte, wenn er sogar in der Nacht nicht von diesem Thema loskommen konnte.

„Also, ich hab keine Zeit für unnötiges Geschwätz“, fuhr er fort. „Ich muss die anderen mobilisieren. Aber du stehst morgen genau um halb zwölf mit einem gemieteten Kleintransporter vor meiner Tür.“ Und entschlossen wie er manchmal war, legte er den Hörer auf.
Etwas später klärte mich meine Schwester, die er genauso aus dem Bett geholt hatte, über den guten Mann, seine Möbel und sein Angebot auf.
Am nächsten Vormittag, als ich mit dem gemieteten Lastwagen auf das Haus meines Vaters zusteuerte, hatten sich schon alle meine Verwandten versammelt. Nur der Auslöser der ganzen Unruhe fehlte noch.
„Er vermisst alle Räume“, sagte meine Mutter spöttisch, „hat schon in aller Frühe damit angefangen. Rutscht mit dem Zollstock auf den Dielen rum und überlegt, wo er was aufstellen soll. Die Möbel, die er noch gar nicht hat.“ Manchmal kann meine Mutter ganz schön giftig sein.
„Die wir aber gleich bringen werden“, sagte mein Vater, der gerade in der Tür erschien. „Also, Jungs, los! Dort alles raustragen und vorsichtig ins Auto laden, damit nichts beschädigt wird. Los, los, was steht ihr noch rum?“ Da sich aber keiner von der Stelle rührte, fragte er: „Na, was denn?“
„Ja, wohin denn? Die Adresse?“
Und da sah ich diesen jämmerlichen Ausdruck auf Vaters Gesicht. Er sah aus, als ob ihn die ganze Welt verraten hätte. In der eingetretenen gespannten Stille hörten wir plötzlich einen derben aufschreienden Fluch: „Diese verdammte Großstadtadressenscheiße. Muss man sich alles immer merken?“

Genauer gesagt, war er nach dörflicher Gewohnheit, ohne den Straßenschildern Beachtung zu schenken, und wohl in der Freude wie in der Eile, die Verwandtschaft zu mobilisieren, einfach davongelaufen und hatte sich nicht einmal die Gegend gemerkt.

Lachend und witzelnd über diese unglaubliche Geschichte zogen wir in der Hoffnung umher, die Wohnung doch noch zu finden. Vergebens. Irgendwann musste ich meinen unglücklichen Vater darauf aufmerksam machen, dass wir den Lastwagen nach Stunden bezahlen müssten und dass es für ihn teuer werden könnte.

In der Zwischenzeit hat mein Vater zum dritten Mal die Möbel gewechselt. Auch der großzügige Mann war bestimmt schon seit Langem in München. Aber immer noch, wenn mein Vater diese Gegend passiert, so behauptet es meine Mutter jedenfalls sarkastisch, soll er nach der richtigen Haus- und Eingangstür suchen.

Woran man einen Aussiedler erkennt

Als wir aus dem Heim, aus dem vertraut gewordenen Emigrantenmilieu, auszogen, dachten wir besorgt daran, wie es wohl werden würde, allein unter einheimischen Deutschen zu leben. Mit wem wir wohl reden würden, der uns so verstehen könnte wie unsere Leidensgefährten, die ebenso arme Teufel waren? Es stellte sich heraus, dass wir uns umsonst gesorgt hatten. Dass wir in dieser Stadt nicht allein sind, erkennt man an den ‚klassischen' Zeichen der Anwesenheit unserer Landsleute an den unglaublichsten Orten: Die öffentlichen Toiletten, die türkische Imbissbude um die Ecke und sogar die Sitzbank am Rathaus sind reich verziert mit Flüchen in russischer Sprache. Außerdem fluchen unsere Jugendlichen völlig ungeniert in der U-Bahn und anderen Verkehrsmitteln! Sie sind sich doch sicher, dass sie niemand versteht, und teilen sämtliche Erfahrungen sexueller Ausschweifungen so freimütig mit, dass man doch lieber der einzige Russe in der Stadt wäre.

Auch im Suff vorgetragene Trinklieder geben unsere Anwesenheit preis, wenn sie irgendwann nach Mitternacht ertönen. Als ich gleich am ersten Tag die Liste der Mieter unseres Aufgangs durchging, stieß ich auf einen ‚Deutschen' mit dem verdächtigen Nachnamen Schadrin. Ich drückte auf den Klingenknopf, und richtig: Über die Sprechanlage hörte ich in reinstem Russisch: „Ja, bitte?" Im Nachbaraufgang wohnt noch so ein Deutscher: Popow. Und ein paar Häuser weiter – Trofimow. Der hat allerdings den Namen seiner deutschstämmigen Frau angenommen und heißt nun Keller. Als der frischgebackene Keller sein Kind in einen deutschen Kindergarten brachte, stellte sich heraus, dass ein Drittel der Gruppe Russisch als Muttersprache angab.

Mir war es immer ein Rätsel, wie denn die einheimischen Deutschen uns in der Menge erkennen, ohne sich zu irren. Dann begriff ich es: Es waren eben diese unförmigen Jacketts aus sozialistischer Textilienproduktion aus der alten Heimat oder etwas anderes Exotisches wie die Winterstiefel aus Hundefell, die leicht glänzenden Cordhosen aus China oder die prächtigen teueren Pelzmützen mit den Ohrenschützern, die es in Deutschland gar nicht gibt.

Doch auch wenn unsereiner sich neu ausstaffiert, ist er in der Menschenmenge nicht schwer auszumachen, denn er ist in der Regel mit dem bekleidet, was man in breitem Spektrum auf den Wühltischen findet. Für etwas Anständigeres fehlt ihm das Geld. Außerdem erscheint vielen nach der Wattejacke und den Segeltuchstiefeln, die man in den Dörfern noch als Alltagskleidung getragen hat, auch dieser Ramsch schon anspruchsvoll und ausreichend. Eine weitere Besonderheit unserer Outfits ist die Dominanz von dunkeln Tönen, die den düsteren und farblosen Alltag in unserem ehemaligen Leben widerspiegeln. Man kann sich uns vielleicht noch in einer einfarbigen, grellen Jacke vorstellen, doch die Hosen dazu sind in jedem Fall schwarz oder grau.

Es gibt aber auch noch andere Kleinigkeiten, an denen man jemanden erkennt, der aus unserer Ecke kommt. Zum Beispiel, wenn jemand stolz seine weißen Strümpfe zur Schau trägt, kann man ihn beruhigt auf Russisch ansprechen, weil es mal der Traum eines jeden Dandys in unserer alten Heimat war, den sich der Arme wohl endlich erfüllt hat. Allesamt tragen sie sie, auch weil die Packung mit zehn Paar einfach die billigste ist.

Unsere Frauen aber verraten sich durch ihre Schwäche für den schnöden Mammon. In der Regel legen sie ihren ganzen Goldschmuck gleichzeitig an, wurde doch bei uns immer zur Schau gestellter Reichtum und nicht die Einmaligkeit der Schmuckstücke geschätzt. Nun, und wenn einem auch noch ein ‚goldenes' Lächeln zuteil wird, handelt es sich mit Sicherheit um einen von uns. Die Einheimischen haben Keramikzahnprothesen, die man in der Farbe nicht von den echten Zähnen unterscheiden kann.

Bisweilen trifft man auf den Straßen der Metropole Berlin solche ‚Exemplare' aus der russischen Provinz, dass es einem die Tränen in die Augen treibt. Einmal stieß ich fast mit einem Opa zusammen, der außer einer verfilzten Mütze mit Ohrenschützern noch Filzstiefel mit Überschuhen trug. Der Opa ließ die Filzstiefel aus Sibirien herbringen, weil er der Überzeugung war, dass allein sie ihm seinen Rheumatismus an den Füßen zu lindern helfen können. Ein anderes Mal kam mir ein Greis in extra gestärkten, uniformartigen Reiterhosen und blank gewienerten Chromstiefeln entgegen, und an seiner Seite trippelte eine Oma in Plüschjacke und halbhohen Gummiüberschuhen mit grellrotem Flausch als Innenfutter. Das Lustigste war, dass zu dieser Zeit die Reiter-

hosen gerade eine Renaissance erlebten, und der Alte damit voll im Modetrend lag.
Doch selbst wenn unsereiner sich normal gekleidet und seine Zähne ordentlich in Schuss gebracht hat, wird er schon von Weitem sofort erkannt. Er geht irgendwie eigenartig – den Kopf ängstlich zwischen die Schultern gezogen und sich ständig umblickend, als sei er im feindlichen Hinterland unterwegs, das er nicht kennt und deshalb als gefährlich empfindet. Dazu kommt noch die Furcht, dass ihn jemand in der unverständlichen deutschen Sprache ansprechen und ihn jeder Zeit als einen Fremden, wenn nicht gar als Spion enttarnen könnte.
Doch es gibt auch den anderen Typ, der mit seiner demonstrativen Flegelhaftigkeit versucht, die innere Unsicherheit zu überspielen. Er gibt sich auf der Straße provokant, lacht laut und beschimpft alle und jeden in unflätigster Art und Weise. Wenn diesen Typen keine Abfuhr erteilt wird, laufen sie hier schnell zur Höchstform auf und fühlen sich als ‚Helden'. Bei der Polizei ist dann übrigens von ihrer Kühnheit nichts mehr übrig.
Und überhaupt: Willst du einen Landsmann treffen, geh in den Supermarkt. Hier steht er mit allen Sünden da wie vor dem Jüngsten Gericht. Bei denen, die in einem Hausanzug einkaufen gehen, ist ohnehin alles klar: Warum sollte man sich auch umziehen, wenn der Supermarkt doch direkt gegenüber ist? Im Dorf waren wir es gewohnt, direkt aus der Scheune kurz ‚hinüberzuhuschen'. Und auch für unsere dem hiesigen Stil angepasst gekleideten Leute ist der Supermarkt jedes Mal aufs Neue wie eine Feuertaufe. Sie haben panische

Angst vor der Dienstfertigkeit der Verkäufer, oder genauer gesagt, vor ihren Fragen, die sie einerseits nicht verstehen, andererseits nicht beantworten können, weil ihre Sprachkenntnisse nicht ausreichen und weil sie keine Ahnung haben, wie das, was sie brauchen, auf Deutsch heißt. Außerdem hat unsereiner Angst, dass ihm etwas aufgeschwatzt wird, das er sich nicht leisten kann und das er, ohne seine Würde zu verlieren, auch nicht ablehnen kann. Ich selbst war beim ersten Mal so von der Hilfsbereitschaft der Verkäufer beeindruckt, dass ich mir eine Jeans gekauft habe, deren Preis die Hälfte meines Monatsbudgets betrug. Es wäre mir unanständig erschienen zu gehen, ohne etwas gekauft zu haben. Auch ich fürchte bis heute die Höflichkeit der Verkäufer, ungeachtet einer Reihe im Eiltempo erlernter freundlicher Ausreden wie „ich muss noch mal darüber nachdenken", „ich komme vielleicht morgen wieder" oder „ich bin mental noch nicht bereit dafür, mir ein solches Geschenk zu machen ...".
Aufgrund der Beschränktheit des Familienbudgets zeichnen wir uns auch durch langes Schwanken bei der Auswahl der Waren aus, selbst wenn es sich um alltägliche Kleinigkeiten handelt. Wenn jemand auf einmal vor einem Schaufenster zu einer Salzsäule erstarrt oder einen Gegenstand endlos in der Hand hin- und herdreht, dann weggeht und wiederkommt, dann ist das garantiert einer von uns Aussiedlern, der sich mit der shakespeareschen Frage quält: „Kaufen oder nicht kaufen?"
Einmal habe ich beobachtet, wie Aussiedler ein Huhn ausgesucht haben. Zu viert! Als würde es sich um ein

Auto handeln! Nacheinander nahmen sie es in die Hand, versuchten, einen Blick in das gefrorene Tier hinein zu erhaschen, wahrscheinlich um herauszufinden, ob es zu Lebzeiten nicht eine vergrößerte Leber gehabt hat und ob das Herz in Ordnung war. Und das alles begleitet von der erbitterten Diskussion, ob es nicht billiger wäre, eine Packung Hähnchenschenkel zu nehmen. Die Einheimischen dagegen bleiben gar nicht erst stehen, werfen das Tiefkühlhuhn in den Wagen und fahren weiter.
Besonders verletzlich ist unsereiner aber an der Kasse. An dieser ‚letzten Bastion' stellt sich plötzlich heraus, dass er aus Unwissenheit vergessen hat, das Obst am Automaten abzuwiegen. Wie man das machen muss, weiß hier jeder, denn hier gibt es diese Technik auch im hintersten Dorf. Natürlich verstehen unsere Leute die Kassiererin nicht, die höflich darum bittet, das Versehen zu beheben, sondern reden sich nur dumm mit ihrem universellen „Ich spreche nicht Deutsch" heraus. Schließlich hält es die Verkäuferin nicht mehr aus und läuft, wütend mit den Armen fuchtelnd, selbst los, um das Preisschild zu holen. Durch die Warteschlange aber, die sich nun gebildet hat, geht ein unwilliges Raunen der Empörung über den ‚Trottel' da vorne.
Unser Volk ist für seine Findigkeit bekannt, doch hier verkehrt sie sich manchmal ins Gegenteil. So steuert beispielsweise jemand seinen Einkaufswagen zur unerbittlichen letzten Bastion, den Kassen, und stellt plötzlich fest, dass an einer von ihnen keine Schlange steht. Blitzschnell sondiert er die Lage und fährt seinen bis zur Grenze des Fassungsvermögens vollgepackten Wagen

an diese Kasse. Wäre er in der Lage gewesen zu lesen, was auf der Tafel darüber steht, hätte er natürlich gleich gewusst, dass das eine Schnellkasse ist, also nur für diejenigen, die weniger als 10 Artikel gekauft haben. Er dagegen lädt seinen gesamten Warenberg auf das Fließband und kann überhaupt nicht verstehen, warum die Verkäuferin so erbost ist. Schließlich begreift sie, dass die schnellste Möglichkeit ihn loszuwerden ist, ihn einfach zu bedienen. Und unser Schlauberger wird sich immer wieder so durchmogeln, bis ihm ein Eingeweihter irgendwann die Situation erklärt.

Nein, unsere Angst, allein zu bleiben, war unbegründet. Das Problem ist eher, einen Ort zu finden, an dem unsere von einem Überfluss an Zeit und von der Arbeitslosigkeit gebeutelten Landsleute noch nicht gewesen sind.

Die Russlanddeutschen und die Schamanen

Als ich eines Tages bei uns in der Gegend herumstromerte, stieß ich plötzlich auf ein Plakat an der Wand, auf dem ein Integrationsprojekt ankündigt wurde über ‚... das Nomadenleben der Russlanddeutschen als Rentierzüchter', ihre ‚Vorliebe für Hundegespannfahrten ...' und ‚Erfahrungen mit dem Schamanismus...', und versprochen wurde, nichts zu verheimlichen. Ich glaubte erst, das sei ein Witz, weil ich aber schon so manche wirre Geschichte über mein bunt gemischtes Völkchen gehört hatte, machte ich mich auf den Weg zum Veranstaltungsort.

Der geräumige Saal war für eine Veranstaltung zum Thema Russlanddeutsche erstaunlich gut besucht. Zwar, wie sich bald herausstellen sollte, von einem sehr bunten Publikum, von dieser Art neugieriger Mitbürger, die gerne aus der warmen Stube in Berlin von Sibirien oder dem Hohen Norden schwärmen und auch die Kälte um minus 50 Grad, die Schneestürme und sogar die monatelange Polarnacht aufregend und romantisch finden. Und als ob man sie so richtig auf ihre Kosten bringen wollte, stürmte bei nunmehr gedämpftem Licht plötzlich eine als Schamanin gekleidete Frau in die Runde, die ohrenbetäubend auf ein Tamburin einhämmerte, heftig über den Boden stampfte und sich mit einem eintönigen Gurgelgesang „Ho-o-jjo- ho-o-jjo" auf das Publikum wie auf böse Geister stürzte, deren Vertreibung der Tanz auch darstellen sollte. Die Freude der Freunde rauer Natur stieg dabei ins Unermessliche.

„Schöne Lieder haben die Russlanddeutschen", war jetzt eine exaltierte Dame neben mir vor Begeisterung außer sich. „Schade, dass ich eure Sprache nicht kenne und nichts verstehe."
Ihre Nachbarin setzte noch eins drauf: „Die sind dort noch so natürlich, so animalisch."
Und die Frau in der Schamanenkleidung schonte sich nicht, jede Hürde zu nehmen, um das ‚Animalische' in uns zum Vorschein zu bringen. Erst als das vernichtend geschlagene Böse aus dem Raum gestampft war, nahm die Tänzerin Platz auf dem Podest und erzählte zu meinem großen Erstaunen über den gewöhnlichen Alltag unseres Nomadenvölkchens.
„Bei uns im Hohen Norden, in der Eiswüste am Polarmeer, in der Tundra, wo die Durchschnittstagestemperatur bei minus 45 Grad liegt, müssen die Männer jeden Morgen ihre Rentiere einspannen und trotz der Polarnacht zur Herde hinausfahren. Wir Frauen führen den Haushalt, passen auf das Feuer in unseren aus Rentierfellen gebauten Zelten auf, bearbeiten die Pelze von erlegten Silberfüchsen. Wenn aber das Wetter schön ist, dann gehen wir zur Jagd auf junge Robben hinaus auf das vom Eis gepanzerte Meer. Die Robben sind zu den Menschen so vertrauensvoll wie kleine Kinder, sodass man sich mühelos in einer weißen Tarnkleidung an sie heranschleichen kann, um ihnen die Kugel genau zwischen die Augen zu jagen, damit der Pelz nicht beschädigt wird."
Im Saal setzte eine angespannte Stille ein, weil diese Offenbarung den Naturfreunden wohl sauer aufstieß:

Eine Kugel als Dank für das Vertrauen passte überhaupt nicht in ihr Konzept von der Romantik des Nordens.
„Das Tier zuckt noch in Agonie, solange du zu ihm eilst“, fuhr die Erzählerin unbeeindruckt mit ihrer Geschichte fort. „Mit einem gekonnten Messerschnitt schlitzt man ihm den Bauch auf. Danach steckt man seine frierenden Hände in das warme Gedärm, um sie aufzuwärmen, es sind immerhin 45 Grad minus da draußen. Dann reißt man als Erstes die noch zuckende Leber aus dem Leib, um sofort von dem warmen Stück abzubeißen. Das zergeht nur so auf der Zunge, dieser zartfrische, blutgetränkte Klumpen – wie ein Stück Schokolade, und nichts schmeckt besser auf der Welt!“
Den Zuhörern war jetzt nicht mehr nach der Begeisterung der Erzählerin zumute, manche schauten sich fieberhaft nach einer dunklen Ecke oder einer Papiertüte um, wo sie sich hätten übergeben können.
„Von einer noch lebendigen, zuckenden Robbe?“, fragte sichtlich bestürzt ein junger Mann dumm nach.
„Roh hat sie einfach mehr Vitamine und ist gut gegen Skorbut“, klärte die Erzählerin weiter bereitwillig auf. „Genauso wie das frische Rentierblut. Bei größeren Ereignissen in unserem Wintercamp wird ein Tier geschlachtet. Man trennt ihm die Schlagader an der Kehle durch und fängt das pulsierende Blut in einem Kessel auf, den man dann der Reihe nach erst den Alten, dann den Jungen und schließlich den Kindern in der Runde herumreicht. Jeder darf einen Schluck von dem Lebenssaft nehmen. Mit etwas Glück kann man sogar einen

Klumpen schon geronnenes Blut herauszischen und langsam wie Eis im Mund zergehen lassen."
„Sagen Sie, muss alles roh gegessen werden?", wollte nun die vorher so begeisterte Dame wissen.
„Nein, selbstverständlich kommt auch was Gekochtes auf den Tisch. Ich persönlich mag das aus einem gekochten und danach mit einer Axt gespaltenen Rentierkopf gewonnene Gehirn. Auch mag ich gekochte Augäpfel, weil man bei uns glaubt, dass, wer sie aufisst, dann besser sehen kann."
Da hatte das Publikum sichtlich genug von unseren kulinarischen Gewohnheiten und so versuchten die Damen neben mir, den Gast auf ein angenehmeres Thema zu lenken: „Sagen Sie, welche Musik spielt ihr Russlanddeutschen da oben?"
„Nach der gelungenen Robbenjagd lässt man die Hunde den Schlitten durch die Schneewüste ziehen, satt und zufrieden stimmt man eine Melodie auf einer Maultrommel an. Und am Abend, wenn wir uns in einem Stammzelt aus Rentierfellen versammeln, dann singen wir unsere Volkslieder."
Und die Vortragende holte ihr Tamburin und hämmerte wieder darauf ein, dabei stimmte sie ein eintöniges Gurgellied an: „Oj-oj-oj-ju, Jo-jo-jo-j-ju."
„An welchen Gott glaubt ihr Russlanddeutschen da oben?", wollte jetzt das Publikum wissen.
„Ich bin eine überzeugte Schamanistin und glaube an die guten und bösen Geister. Dass der Schamane sie besänftigen, vertreiben oder auch in die Irre führen kann. Zum Beispiel heiße ich in Wirklichkeit ‚Schnelle Silber-

füchsin', aber um die bösen Geister zu täuschen, sprechen mich alle mit ‚Lena' an: Wenn die Geister dann in die Siedlung kommen, um die Menschen zu belauschen und die ‚Schnelle Silberfüchsin' zu finden, weil sie sie krank machen wollen, werden sie sie nicht finden, weil sie nur von einer ‚Lena' zu hören kriegen. Deswegen ist bei uns niemand das, was er tatsächlich ist. Wenn wir trotzdem krank werden, dann gehen wir nicht zum Arzt, sondern bitten die Schamanen, die bösen Geister aus unserem Körper zu vertreiben. Auch wenn ich in Berlin lange keine Sonne mehr sehe, dann hole ich mein Tamburin und beschwöre die Bösewichter, aus unserer schönen Stadt zu verschwinden. Und schon haben wir bald wieder gutes Wetter."

„Ich habe gehört, dass Stalin die Russlanddeutschen in den Norden deportiert hat. Hat es auch Ihre Familie betroffen?"

„Nein. Wir haben schon immer am Eismeer gelebt, schon meine Ahnen sind als Nomaden mit Rentierherden durch die Gegend gezogen. Wohin soll man uns denn noch nördlicher wegsiedeln?"

Als Zuschauer konnte ich inzwischen über dieses Durcheinander und die gut gemeinte Neugierde nur noch den Kopf schütteln. Mein Nachbar, der freundlich auf mich zukam, hatte meine Skepsis bemerkt. „Sind Sie auch aus Russland?", fragte er und erklärte weiter: „Das ist meine Frau. Eigentlich bin ich der Russlanddeutsche, sie stammt aus dem Volk der Tschuktschen, der Ureinwoner. Wir haben uns da oben im Norden kennen gelernt, wo meine Eltern in der Verbannung waren. Als wir nach

Deutschland gekommen sind und ich erzählte, dass wir in unserer Familie gewöhnlich Weihnachten und Ostern gefeiert haben, wollte mir das keiner glauben. Von ihren Geschichten aber können sie nicht genug kriegen. Vergeblich habe ich versucht, sie zu überzeugen, dass es nicht die Russlanddeutschen sind, die als Nomaden mit ihren Rentierherden durch die Eiswüste ziehen und an Schamanen glauben. Irgendwie haben die Hiesigen so ihre eigenen Vorstellungen von all dem, was aus der Russlandecke kommt, Sibirien, Schnee, Wodka und weiterer Exotik, und sie sind nicht mehr davon abzubringen."

Und als ob er recht gehabt hätte, beobachteten wir die Begeisterung im Saal, wo die Frau meines Freundes die Zuschauer gerade in die Kunst einweihte, wie man aus einem Wurf kleiner Halswirbelknochen eines Silberfuchses die Zukunft eines Stammes lesen kann.

Für eine bodenständige Welt

Jedes Mal, wenn ich am neuen Kanzleramt vorbeifahre, schleicht sich unwillkürlich ein Lächeln auf meine Lippen. Irgendwo im tiefsten Inneren des Hauses befindet sich eine von mir gemauerte Wand. Vielleicht sogar die, hinter der heute die wichtigsten Entscheidungen getroffen werden. Oder möglicherweise diejenige, die auf der Herrentoilette täglich angepinkelt wird.

Das waren noch Zeiten, als ich den Sinn der Wendung ‚bodenständige Politik' zu verstehen suchte! Diese Wortverbindung habe ich der Debatte im Bundestag zur Schwarzarbeit entnommen. Für mich war das ein wichtiges Thema, weil ich gerade selbst ‚schwarz' arbeitete, und das noch in der Sichtweite des Parlaments. Keiner wollte mich wegen mangelhafter Deutschkenntnisse einstellen, für eine illegale Beschäftigung jedoch hat man sich um mich gerissen.

Es war so: Eines Tages rief mich unser ‚Sklavenhändler' Micha an, der immer eine ‚Bande' zusammenzutrommeln hatte, wenn es irgendwo Schwarzarbeit gab. Aus Angst, mal abgehört und ertappt zu werden, sprach er am Telefon immer in so einer eigenartigen Sprache eines Untergrundkämpfers.

„Die Nächte werden immer länger", hieß dekodiert, dass es Nachtarbeit gab und die Nächte damit für uns länger würden.

„Die Welt muss mal wieder in Ordnung gebracht werden", bedeutete wiederum, dass es um Aufräumarbeiten ging.

„Wenn du beim Zuckerlecken dabei sein willst, dann erwarte ich dich um 20 Uhr am Gefängnis Moabit."
Irgendwie hatte Micha ein besonderes Verhältnis zu diesem Ort, den er immer als Treffpunkt auswählte. Das war wohl so eine Art Galgenhumor, glaube ich.
Nun, zur abgesprochenen Zeit traf ich dort auf ein paar alte Kumpel. Den Kernphysiker Aljoscha aus Nowosibirsk, mit dem wir auf so mancher Baustelle zusammengearbeitet haben, zwei Äthiopier, die in Moskau mal Brückenbau studiert hatten, und die, genau wie ich, wegen mangelnder Deutschkenntnisse von den Baufirmen abgelehnt wurden.
Micha blieb seinem Untergrundjargon treu: „Wie vom Wüstensturm verweht, erkennt bei der Kontrolle ein Sandkörnchen das andere nicht mehr."
Dann schaute er mit einem traurigen Blick auf den Wachturm hinter dem Stacheldraht, seufzte schwer auf und machte ein Zeichen, ihm zu folgen.
Wie ein Trupp Guerilleros auf dem Marsch im Hinterland des Feindes schlichen wir uns in völliger Stille durch dunkle Hinterhöfe an den Kontrollpunkten vorbei zum Rohbau des Kanzleramts. Dann ging es durch einen geheimen Nebeneingang in den Keller, wo uns ein kor pulenter Bursche mit einem Bauhelm anstelle einer Begrüßung sofort anschnauzte: „Hier in Deutschland wird gearbeitet. Nicht so wie bei euch in Polen", und das, obwohl keiner von uns, und schon gar nicht unsere zwei Äthiopier Polen waren und nach Polen ausgesehen haben. „Umsonst gibt es bei uns kein Geld!" (Als ob es das in Polen und anderswo umsonst gäbe!). Er spielte

sich so auf, dass man hätte glauben können, der Wohlstand Deutschlands sei allein ihm zu verdanken. „Ich werde euch faulen Ärschen schon Beine machen", belehrte er uns weiter, obwohl er bestimmt schon an der Frage, ob die Erde eine Kugel oder eine Scheibe sei, gescheitert wäre, während die meisten von uns bereits ihre Doktorarbeit hinter sich hatten.

Wir grinsten heimlich, und Micha zeigte uns die Faust, als ob er uns warnen wollte: Jungs, reißt euch zusammen – von diesem Angeber hängt es ab, ob wir unser Geld kriegen oder nicht! Um dem selbstgefälligen Getue ein Ende zu machen, wollte er dann ganz pragmatisch von dem Dicken wissen: „Wo sind dann unsere Spaten und Besen?"

„Die Werkzeuge ... ach du Scheiße, die sind eingeschlossen, und der Polier ist mit dem Schlüssel auf dem Weg nach Hause." Der Dicke stürzte zur Tür hinaus.

„Das ist das genaue Gegenteil von bodenständiger Politik", meinte mein äthiopischer Freund, mit dem ich zuvor über diese Wendung diskutiert hatte.

Als eine Stunde später die Spaten eintrafen, buddelte ich gemeinsam mit dem ehemaligen Kernphysiker Aljoscha aus Nowosibirsk. Sein Großvater war in der Roten Armee bei der Artillerie gewesen und hatte 1945 Berlin gestürmt.

„Wenn der gewusst hätte, dass sein Enkel das alles wieder aufbauen muss, dann hätte er vielleicht damals nicht so geballert", lästerte ich.

„Er war bestimmt nicht in der Nähe des Reichstags, sonst hätte er mir von dieser Heldentat Tag und Nacht erzählt."

Im Gegensatz zu unserem Meister betrieben wir da unten eine sehr bodenständige Politik. Weil man uns nicht für das Endergebnis, sondern mit einem Stundenlohn von acht Mark bezahlte, beeilten wir uns nicht, sondern arbeiteten ‚recht gemütlich'. Ab und zu verkrochen wir uns auch in die dunklen Ecken, wobei wir besonders unsere Freunde aus Äthiopien beneideten. Die waren in der Finsternis nur zu erkennen, wenn man sie zum Lachen brachte, sodass ihre weißen Zähne blitzten.
Die Morgenstunden waren bereits angebrochen, als unser Bauleiter verzweifelt in den Keller gerannt kam: „Scheiße, da oben haben wir vergessen, eine Zwischenwand einzuziehen."
Mein Freund aus Äthiopien flüsterte mir ins Ohr: „War das von diesem Arschloch nicht zu erwarten?"
Aber er stand so hilflos vor uns da, als er uns fragte: „Kann jemand Baupläne lesen?"
Wir grinsten nur und schickten unsere zwei gelernten Brücken- und Tunnelbauer aus Äthiopien nach vorn.
Und dann meisterten wir diese Hürde schnell. Ich hatte mal während der Studentenzeit mein Brot als Maurer verdient, der Kernphysiker Aljoscha bot sich an, die Wasserwaage zu bedienen, die gelernten Brückenbauer reichten mir die Ziegelsteine und den Mörtel. Bis zum Schichtwechsel war die Zwischenwand im Kanzleramt hochgezogen. Eigentlich war sie auch gar nicht mal so groß ...
Anschließend saßen wir in Feierabendlaune gesellig auf dem Fensterbrett, warteten auf unser Geld von dem Dicken – Aljoscha, dessen Großvater hier mal aus allen

Rohren gefeuert hatte, zwei Bauingenieure, die das vom Bürgerkrieg geplagte Äthiopien nicht mehr brauchte, und ich. Wir schauten in Richtung des alten Reichstags, wo der heutige Bundestag über die Bekämpfung der Schwarzarbeit diskutierte. Und wir waren uns verdammt einig, dass in dieser Welt vieles schon längst nicht mehr bodenständig ist.

Aussiedler mögen grünen Tee

Über so manche Entscheidungen unserer Stadtväter kann man sich nur wundern: So beriefen sie plötzlich Wan Li, einen Kantonchinesen, zum Aussiedlerbeauftragten im Bezirk. Mit einer sehr einleuchtenden Begründung: „...weil er ja auch irgendwo aus dem Osten kommt, wie die Aussiedler." Tatsächlich aber, weil er Beamter ist, seit Jahren im Überhangspool hing und man einfach nicht wusste, wo man für ihn eine passende Stelle finden sollte. Dass er aber nicht die geringste Ahnung von unserem eigenartigen Völkchen hatte, war ja auch kein Wunder, wenn man den Unterschied der Welten, aus denen wir kamen, bedachte. Die auf den Haushalt fixierten Stadtväter mochte es vielleicht erstaunen, ich aber merkte es schon beim ersten Besuch bei ihm.
„Alle Aussiedler mögen grünen Tee", überraschte mich Li.
Während ich fieberhaft überlegte, inwieweit das wohl stimmen könnte, beeilte er sich mit der Erläuterung: „Ihr kommt doch aus Mittelasien und aus Kasachstan. Und dort hat man grünen Tee noch immer dem Kaffee vorgezogen." Li strotzte vor innerer Überzeugung. „Und das ist der Grund, warum es mit der Integration bislang nicht vorangeht und die Aussiedler unseren Kaffeerunden fernbleiben."
Dazu muss gesagt werden, dass die Kaffeerunden mit Einheimischen für ein Allheilmittel der Integration gehalten worden waren. Die Aussiedler blieben ihnen fern, weil sie erst einmal Wichtigeres zu tun hatten – wie die

neu bezogene Wohnung einzurichten oder eine Arbeit zu finden – und keine Zeit hatten für einen gemütlichen Kaffeeklatsch. Als ich das Wan zu erklären versuchte, wehrte er sich vehement dagegen.

„Nein, nein, du weißt es nur nicht. Als Laie hast du nicht so einen umfassenden Überblick zum Thema wie ich, der ich aus dem Bereich der Integrationsarbeit komme. Du hast das nicht gelernt, bist eben kein Fachmann", servierte er mich ab, wie auch die anderen profilierten Mitarbeiter der Integrationsarbeit die Einwände der Migranten immer gern abtun, wenn etwas nicht in ihre Integrationskonzepte passt. Und ich spürte an seiner Entschlossenheit, dass er sich mit seiner Teetheorie gedanklich wohl schon ganz oben in der Politik festgesetzt hatte – er musste sie ja von seiner Eignung und Kompetenz für den neuen Posten überzeugen. „Ich arbeite gerade an diesem Thema und werde die Vorliebe der Aussiedler für den grünen Tee wissenschaftlich begründen. In der Integrationspolitik müssen neue Akzente gesetzt werden."

Weil ich schon so manchen Unsinn über die Zugezogenen gehört hatte, nahm ich die Sache zunächst gelassen hin. Bis das Thema plötzlich im Migrantenbeirat aufs Neue auftauchte.

„Das ist doch ein offenes Geheimnis", versicherte jetzt voller Hochmut ein Mann von der Kirche, der einmal auf einer dreitägigen Reise nach Russland in einem Restaurant Pelmeni mit Wodka gekostet hatte und sich seitdem für einen unschlagbaren Experten in Sachen Russland hielt. Jetzt fühlte er sich bemüßigt, seine Kompetenz zu beweisen.

„Ja, ja, es stimmt schon", meinte zu meinem Erstaunen auch eine Aussiedlerin, die um ihren Job bei einem Integrationsprojekt bangte und deswegen bereit war, jedem Blödsinn zuzustimmen.

„Ich verstehe einen Dreck von diesen Leuten", gestand ein geradliniger, für die Integrationsarbeit zuständiger Projektleiter. „Aber wenn sie grünen Tee brauchen, dann besorgen wir ihn. Von mir aus, dann werden wir eben unsere Kaffeerunden in Grüne-Tee-Runden umgestalten."

„Welch eine Bereicherung für unsere deutsche Kultur!", schwärmte eine jener exaltierten Damen von der Art, bei denen man nie so richtig weiß, warum sie immer so begeistert sind.

Als ich sie mit meinen Kaffeebehauptungen zur Besinnung bringen wollte, war das wie ein Ruf in der Wüste.

„Du bist eben kein Fachmann", rechtfertigte sie schnell ihre Haltung.

Aber besonders alarmiert war ich, als eine Politikerin von ganz oben sich entschloss, vor den Aussiedlern aufzutreten. Eigentlich machen die Politiker mit unseren in der Politik unerfahrenen Landsleuten immer das gleiche Theater. „Liebe Landsleute!", rufen sie in die Menge. „Erbittert kämpfe ich für euer Wohl im Parlament ..."

Dass jemand für uns arme Schlucker kämpft – damit hat man schon so manches leichtgläubige Herz gewonnen. Wir müssen eben noch lernen, hinter den schönen Worten auch Taten zu erkennen. Auch diesmal lief alles nach dem üblichen Szenario bis auf den Schlusssatz: „Neulich habe ich von einem Sachkundigen erfahren ..."

– und sie lächelte unserem von Energie strotzenden Wan auf dem Podium zu – „dass Sie eine Schwäche für grünen Tee haben. Als Opposition werden wir die Regierung an den Pranger stellen für die in all diesen Jahren falsch betriebene Integrationspolitik."

Vergeblich versuchte ich nach der Veranstaltung, die Politikerin zu überzeugen, dass es sich da um einen Irrtum handelte.

„Aber das ist doch von Fachleuten bewiesen worden", sagte sie mir. „Und wer sind Sie? Ein Aussiedler! Kein Fachmann eben – wir werden mit den Studien von Herrn Wan das Versagen der Regierung offenlegen ..." Und ihre Stimme klang hart wie Metall, sodass ich verstand, dass es da um mehr ging als um grünen Tee.

Es soll tatsächlich eine heftige Auseinandersetzung mit der Regierung gegeben haben, sogar der zwischenstaatliche Vertrag mit China soll in Richtung der Verdoppelung des Imports von grünem Tee in die Bundesrepublik geändert worden sein. Auch die Medien entdeckten jetzt das Thema – immerhin *etwas* Exotisches, Skandalöses, das viel Raum für Vermutungen und Spekulationen bot. Prompt kamen Berichte über die russische Teemafia, über illegale Teeschieberei über die polnische Grenze, über Rauschzustände durch den Konsum von grünem Tee in großen Mengen. Ein von den Medien gefeierter Star – ein Kriminologe – fand sogar einen Zusammenhang zwischen dem Genuss von grünem Tee und der von ihm diagnostizierten genetischen Veranlagung der Aussiedler zur Kriminalität.

Eigentlich könnten wir, die Aussiedler selbst, am schnellsten diesen Wirbel um den grünen Tee aufklären – aber wer fragt uns schon nach unserer Meinung? Wir sind eben keine Fachleute und müssen nur mit den Folgen leben. So zischt so mancher Einheimische hinter unserem Rücken durch die Zähne: „Wollen Deutsche sein ... Und schlürfen dieses widerliche grüne Zeug eimerweise in sich hinein ...“
Unser Wan wurde für seine Entdeckung zum Aussiedlerbeauftragten der ganzen Stadt befördert. Jetzt soll ein ebenfalls im Überhangpool hängen gebliebener australischer Ureinwohner – ein Aborigine – an seine Stelle bei uns im Bezirk treten. Vorsorglich informieren wir uns schon einmal über das Leben im Busch und üben uns eifrig, das Didgeridoo zu spielen: Wer weiß, welche Fachkenntnisse dieser Fachmann mitbringt.

Hilflosigkeit

Manch einer von meinen Landsleuten ist so hilflos in Deutschland, dass man weinen könnte über die eigene Ohnmacht, weil man ihm irgendwie doch noch helfen möchte. Wer schon in Russland immer einen Schubs gebraucht hatte, um eine Entscheidung zu treffen, dem setzt die Unkenntnis der neuen Umgebung derart zu, dass er am liebsten selbst für das Atmen auf offener Straße einen Rat einholen würde.

Als Stadtteilmanager habe ich des Öfteren mal mit dieser Sorte von Menschen zu tun. So kam eines Tages auch dieser Telefonanruf. Zunächst, wie immer, das geheimnisvolle Schweigen. Dann: „Das Arbeitsamt hat mich zu Ihnen geschickt. Darf ich kommen?"

Es ist diese Art von Fragen, die mir selbst zunächst für eine Weile die Sprache verschlägt.

„Sie müssen sogar, geht doch um Ihre Arbeit."

Etwas später sah ich eine unschlüssige Gestalt, die sich bestimmt schon eine Zeit lang mit der Hamletfrage herumgeschlagen hatte, ob er die Schwelle überschreiten solle oder nicht? Dann hatte er sich überraschend für einen dritten Weg entschieden: Er holte sein Handy aus der Tasche und rief mich an: „Ich stehe vor Ihrer Tür. Darf ich eintreten?"

Da half nur noch eine bestimmte Strenge, um den Menschen doch noch in Bewegung zu setzen: „Aber sofort."

Der Hilfslose war uns übrigens als Berater zugewiesen worden – was sich das Arbeitsamt wohl dabei gedacht hatte? Eigentlich sollte meine Aufgabe nur darin bestehen, den Neuling an seinen Arbeitsplatz zu begleiten und mit den zukünftigen Aufgaben vertraut zu machen. Aber so einfach stellen sich das nur die Beamten vom Arbeitsamt vor, die keine Ahnung davon haben, wie meine Landsleute nach Ratschlägen lechzen.

Schon am nächsten Tag wurde ich telefonisch mit Fragen konfrontiert: „Darf ich mich an den Tisch am Fenster setzen?“ Und etwas später: „Darf ich im Büro das Licht anschalten, wenn es dunkel wird?“ Da die letzte Frage erst nach einer Woche kam, ist es mir bis heute ein Rätsel, ob er die Tage zuvor im Dunkeln verbracht oder das Licht benutzt hatte, ohne um Erlaubnis gefragt zu haben.

Da ich mich an die Hilflosigkeit meiner Landsleute bereits gewöhnt hatte, nahm ich das alles ziemlich gelassen hin. Und trotzdem hauten mich einige Fragen manchmal buchstäblich um. Wie etwa diese: „Ich bin momentan auf der Toilette und habe festgestellt, dass wir kein Klopapier haben. Was tun?“

Oder solch eine: „Man hat mir eine Schachtel Pralinen geschenkt. Was soll ich damit anfangen?“

Da konnte ich nicht umhin, eine giftige Bemerkung fallen zu lassen: „Schmeiß sie aus dem Fenster.“ Doch als ich hörte, dass im Nebenzimmer das Fenster geöffnet wurde, korrigierte ich meine Antwort sofort: „Oder besser, du bringst sie mir ins Büro. Ich weiß schon, was man damit anfangen kann.“

Das ganze Jahr hindurch versuchte ich, diesem Menschen mehr Selbstständigkeit beizubringen. Doch, wie sich am Ende herausstellte, ohne jeglichen Erfolg.

Als er sich von mir in meinem Büro verabschiedete und ich ihm alles Gute für die Zukunft wünschte, trat er eine ganze Weile unschlüssig von einem Fuß auf den anderen und fragte dann schüchtern: „Darf ich jetzt gehen?"
Und mit tiefster innerer Erleichterung sagte ich: „Geh, bitte ..."

Die Sehnsucht nach einem Wunschaussiedler

Als es sich herumgesprochen hatte, dass ich auch einer von den zugezogenen ‚Russen' bin, entdeckte man mich als so eine Art Beschwerdestelle über meine Landsleute. So mancher aufgebrachte Bürger eilte aus dem Stadtteil herbei, um seinem Ärger über die schwarzen Schafe aus unserer bunten Herde Luft zu machen, weil ich die deutsche Sprache beherrsche. Als ob ich persönlich für jeden Idioten aus der Russlandecke verantwortlich wäre, dabei kenne ich die meisten noch nicht einmal. Aber ich höre mir geduldig jede Beschuldigung an, weil sich die Menschen die Wut von der Seele reden wollen, und dann geht es mit unserem Zusammenleben irgendwie weiter.

Neulich überraschte mich ein hiesiger Freund, ein Intellektueller, der sogar einen Doktortitel hat. „Jetzt ist auch meine Geduld am Ende! Ich hatte nichts gegen deine Russen, aber jetzt ..."

Ich glaubte schon, dass meine Landsleute mit der bestialischen Ermordung der hiesigen Bevölkerung begonnen hätten, wenn sie einen so gutwilligen Menschen gegen sich aufgebracht hatten.

„Neulich haben sich drei von deinen Russen auf dem Rasen unter meinem Balkon ausgebreitet, Bier gesoffen, und ..." – da verschlug es ihm vor Empörung die Sprache – „... ein Lied angestimmt! Diese Bande, die muss raus aus Deutschland."

Dass wir alle beim Biertrinken auch mal lossträllern würden, wäre in diesem aufgebrachten Zustand für ihn kein überzeugendes Argument gewesen. Auch ihn darauf aufmerksam zu machen, dass es nur drei waren und die übrigen damit die kollektive Bestrafung nicht verdient hatten, war mir wegen seines Doktortitels irgendwie peinlich. Doch dass die Störung seines bestimmt wertvollen Schlafs gleich die Deportation einer ganzen Volksgruppe rechtfertige, schien mir doch etwas übertrieben.

„Hast du sie angesprochen und gebeten, die Klappe zu halten?"

„Das fehlte noch! Die sollen sich hier benehmen, wenn sie schon ins Land gelassen wurden."

Irgendwie ist mein Freund wie auch mancher von meinen neuen Nachbarn dem Irrtum verhaftet, dass man nur Engel über die Grenze ins Land lassen kann. Es werden immer Menschen kommen, Anständige und Dumme, aber auch Kluge, die mal Unfug treiben werden.

Eine ältere Dame beschwerte sich neulich bei mir: „Deine Russen! Heute vor Mitternacht hat einer von ihnen russische Musik aufgelegt. Unerhört, was die sich hier erlauben!"

„Und wenn er deutsche Musik aufgelegt hätte?", wurde ich giftig.

Das brachte die Dame erst einmal aus dem Konzept: „Sie sind hier nicht in Russland, wo sie sich russische Musik anhören können ..."

„Warum haben Sie nicht die Polizei gerufen wegen einer Ordnungswidrigkeit?" Aber weiter wollte man mit mir gar nicht mehr diskutieren.

Dass ich einen schrottreifen Opel fahre, wollten mir sogar einige von meinen einheimischen Freunden am

Anfang nicht abnehmen. Zweideutig lächelnd erzählten sie mir zum hundertsten Mal die Geschichten von meinen ‚Russen', die in einem neuen Mercedes das Sozialamt ansteuern, um sich die Sozialhilfe abzuholen. Dabei kenne ich aus meinem großen Bekanntenkreis nur einen Mercedesbesitzer, der sich sein Auto wiederum durch den Betrug der eigenen Landsleute als Versicherungsagent erschwindelt hat.

Besonders amüsant finde ich immer die Gespräche so mancher vom Alkohol mitgenommener Mitbürger an der Imbissbude an der Ecke.

„Was die Russen so alles in sich hineingießen ...", beschwerte sich so eine Rotnase beim fünften Bier mit ein paar Schnäpsen schon um zehn Uhr morgens. Weil aber der eigene Stolz auch nicht zu kurz kommen durfte, wurde noch eins draufgesetzt: „Mich können die trotzdem nicht unter den Tisch saufen."

Und um die eigene Überlegenheit zu bekräftigen, wurde noch einmal aufgetrumpft: „Aber der ganze Müll auf den Straßen kommt von den Russen." Und er schleuderte die leere Bierdose ins nahe gelegene Gebüsch ...

Es versetzt mich immer in Erstaunen, wie schnell so mancher Mitbürger sein Urteil über die Zugezogenen fällt. So beschämte mich eine aufgebrachte deutsche Frau: „Ihr Russen seid so herzlos gegenüber euren Eltern. Neulich sah ich eine russische Babuschka, deren Kinder nicht einmal zu Besuch kommen. Das sind aber raue Sitten bei euch."

Obwohl ich meine Oma regelmäßig besuchte und mich für einen einfühlsamen Menschen hielt, haftete auch mir

dieser Makel an. Aus Neugier fragte ich nach und stellte fest, dass die alte Frau, von der die Rede war, erst einmal nie Kinder gehabt hatte und zweitens schon vor zwanzig Jahren als Gastarbeiterin aus Jugoslawien eingewandert war. Außerdem waren die Kinder meiner Anklägerin selbst schon seit Jahren nicht mehr bei ihr zu Besuch gewesen, was mich aber auch nicht veranlasst hatte, gleich über die rauen deutschen Sitten zu reden.
Irgendwann leuchtete es auch mir ein, dass ich den Erwartungen einiger Mitbürger wohl nie im Leben gerecht werden würde. Das letzte Argument zu dieser Überzeugung lieferte mein Nachbar, eigentlich ein angenehmer Mensch, wenn es ihm gut geht, aber ein zorniger Muffel, wenn er Probleme hat. Als ich noch arbeitslos war, verdammte er mich als Parasiten und Sozialschmarotzer. Dabei war er länger als ich ohne Job und unternahm nicht die geringste Anstrengung, eine neue Stelle zu finden. Als ich dann eine Arbeit hatte, passte es ihm wieder nicht, und prompt hatte ich wieder Schuld: „Nur wegen solch Eifrigen wie dir kriege ich keinen Job."
Ich habe mal eine Liste aufgestellt, welche Eigenschaften von meinen Mitbürgern von den Aussiedlern erwartet werden, wie so ein Wunschaussiedler aussehen sollte. Also, als Erstes darf er überhaupt nicht in Deutschland leben, hat aber dennoch die schrumpfende Zahl der erwerbsfähigen Bürger hierzulande aufzubessern. Seinen Lebensunterhalt hat er sich selbst zu verdienen, aber auf keinen Fall darf er Arbeitsplätze wegnehmen. Er darf als Putzkraft schuften, soll aber die Manieren und die Bildung eines Uni-Absolventen haben. Er soll so schnell

wie möglich in die Gesellschaft zu integrieren sein, aber jederzeit als zugezogener Prügelknabe für so manchen Mitmenschen herhalten, um seinen Frust und Ärger an ihm auszulassen.
Also ein widersprüchliches Wesen, das es in der Wirklichkeit nicht geben kann. Und weil damit die Aussiedler auch weiterhin nicht den Erwartungen entsprechen können, wird meine Wohnung nach wie vor eine Art Beschwerdestelle über meine Landsleute bleiben.

Der moderne Staatsdiener

Schon im anderen Land habe ich aus der Ferne so manches über die deutsche Bürokratie läuten gehört. Dabei stellte ich mir einen vergreisten, eingemotteten Bürokraten in einer staubigen Dienststube vor, der stumpfsinnig versucht, das Leben nach Paragraphen aus vergilbten Folianten zu ordnen. Wie ich aber in Deutschland bald feststellen musste, war das eine völlig falsche Vorstellung. Nicht nur, weil die heutigen deutschen Beamten in Wirklichkeit in den modernsten Räumen der Stadt an Computern sitzen, sondern weil ich auch nirgendwo sonst so viele schlitzohrige und einfallsreiche Leute getroffen habe wie in den deutschen Amtsstuben.
Das musste ich feststellen, als ich mir eines Tages in den Kopf gesetzt hatte, ein Projekt zu beantragen, um meinen Landsleuten bei der Integration zu helfen. Ich war schon von den Anforderungen an so einen Antrag tief beeindruckt, vor allem davon, wie geschickt die Staatsdiener sich ihre Arbeit schon im Vorfeld durch die entsprechenden Vorgaben zu erleichtern versuchten und eigene Interessen durchzusetzen vermochten, zum Beispiel mit der Vorschrift, dass „der Beschreibungstext des Projekts kurz gefasst sein soll“, damit sie sich um Gottes willen beim Lesen des Antrags nicht überanstrengen müssten. „Aber flott geschrieben“, sollte er auch sein, damit sich der Bearbeiter auch auf keinen Fall langweilen würde. „Und verständlich...“, um sich nicht lange hineindenken zu müssen.

Nein, diese Vorschriften waren nicht das Werk eines starrsinnigen Bürokraten, sondern waren von weitsichtigen und hellen Köpfen formuliert.
Da ich mir nun darüber im Klaren war, auf welche Gegenspieler ich treffen würde, mobilisierte ich meine gesamte Begabung für kreatives und bildhaftes Schreiben, machte mir die Mühe, jedes Wort im Satz an den richtigen Platz zu setzen und jede Wortwendung abzuwägen, damit sie keine Missdeutung erlaubte. Und erst, als ich mir sicher zu sein glaubte, ‚ganze Arbeit' geleistet zu haben, sandte ich das Projekt der Stadtverwaltung zu.
Nach einiger Zeit wurde ich von einem zuständigen Sachbearbeiter zu einem Gespräch eingeladen, das meine Bewunderung für die Flexibilität und den Einfallsreichtum der deutschen Bürokratie noch weiter ins Unermessliche steigerte. Mein scharfsinniger Gesprächspartner legte mir nahe, die Bedeutung meines eigenen Projekts eigenhändig, aber für ihn, aus der Sicht seines Amtes in einer Stellungnahme zu beschreiben. Ich empfand es als Schlitzohrigkeit ersten Ranges, wie geschickt und klug er seine Arbeit auf mich abwälzte.
Nebenbei gab er mir zu verstehen, dass er am längeren Hebel sitzen würde, und ich trollte mich wieder an meinen Schreibtisch. Ich strengte mich an, mich in die Gesinnung meines Widersachers zu versetzen, um die mögliche Haltung eines Staatshüters meinem Projekt gegenüber genau wiederzugeben. Was schon aus dem Grund nicht einfach war, weil man immer von der Perfektion seines eigenen Kindes überzeugt ist. Ich spornte

mich aber an, wurde jedoch beinahe schizophren, weil ich zwei Persönlichkeiten gleichzeitig in mir beherbergen musste: zunächst meine eigene als Urheber des Projekts und dann die des kritischen Beobachters gemäß der Staatsräson. Letztendlich meisterte ich auch diese Aufgabe noch.

Ich war mir jetzt aber völlig sicher, dass der moderne Bürokrat mich bestimmt noch mit so manchen seiner Einfälle überraschen würde. Und tatsächlich dauerte es nicht lange, bis ich eine weitere Gelegenheit bekam, die Büromenschen zu bewundern. Ich wurde wieder zu ihm ins Amt eingeladen, und der nette Bursche bat mich, nach der Stellungnahme auch noch die Begründung eines eventuellen Bewilligungsbescheides zu schreiben. Seine Erklärung fand ich sehr einleuchtend – schließlich war ich der Verfasser des Projekts und der Stellungnahme dazu, und wer kannte sich besser in der Sache aus als ich. Als er mein verzweifeltes Zögern bemerkte, fragte er so nebenbei, ob er vielleicht jemanden ohne meine Ahnung und mein Engagement bitten solle, die Begründung zu schreiben.

Okay, ich habe einsehen müssen, dass mein netter Opponent mir immer zwei Schachzüge voraus war und die Figuren auf dem Spielbrett viel geschickter bewegte. Das war auch der Grund, warum ich mich nicht lange überzeugen lassen musste, als mir die Ausfüllung eines Antragsprüfungsformulars auch noch aufgezwungen wurde. Es war mir peinlich, meine eigene Arbeit einzuschätzen – ‚sehr gut' schien mir nicht bescheiden genug, als ‚schlecht' kann man seine eigene Arbeit aber auch nicht bewerten. Also wurden es wieder ein paar qualvolle Nächte, bis ich den wiederum flott formulierten Bericht, den ich mit meinem Gewissen vereinbaren konnte, vorlegte – schließlich würde auch das ein noch höher angeordneter Bürokrat lesen.

Ich glaubte, jetzt endlich fertig zu sein, weil ich mir kein weiteres Begleitschreiben mehr vorstellen konnte, und war dann doch sehr verdutzt, als ich eines Tages ein dickes Postpaket aus dem Amt bekam. Darin erhielt ich meine ausgeklügelte Projektbeschreibung zurück, zusammen mit der von mir verfassten, aber von dem Bürokraten unterschriebenen Stellungnahme, mit dem wiederum von mir verfasstem, aber wiederum von ihm unterschriebenen Antragsprüfungsformular. Dazu ein Begleitschreiben, in dem er sich über die Bürokratie der Obrigkeit im Amt beklagte, die so kleinkariert handelte und so an Formalitäten hing. Dass sie sehen wollten, dass er den Antrag auch sorgfältig geprüft hätte, und er bitte mich, mit einem roten Stift irgendwelche Vermerke vorzunehmen und am Ende einen Haken zu setzen, als ob er es abschließend abgehakt hätte. Mit höchster Bewunderung für die Modernität dieses höheren Beamten setzte ich die Haken drauf und schickte es ihm zurück.

Übrigens, den Antrag habe ich nicht bewilligt bekommen. Am Ende war es auch nicht mehr so wichtig für mich, weil ich mir schon vorstellen konnte, was so alles auf mich zugekommen wäre mit den ganzen Abrechnungen und dem Schreiben von Sachberichten. Der Staatsdiener hat mein Projekt bestimmt auch in irgendeine Statistik aufgenommen, die seine Arbeit belegt. Und ich erfreute mich daran, was für kreative und einfallsreiche Leute wir in unseren Amtsstuben haben, die unser Staatswesen niemals verkrusten lassen werden.

Neue Schwierigkeiten mit den ‚Russen'

Dass die ‚Russen' so manch einem Deutschen das Leben hierzulande erschweren, mag ja bekannt sein. Sie kaufen den Alteingesessenen die Schrottautos vor der Nase weg, haben mit ihren Frauen alle Putzstellen besetzt und lassen so manchen Sozialhilfeempfänger länger an der Kasse anstehen, weil sie sich in der Schlange nach der staatlichen Unterstützung drängeln.

Aber die ‚Erschwernis' des Lebens der Deutschen durch die Russen ist viel tiefgreifender, als es viele auch nur ahnen können. Zu ihren neuesten Opfern gehören jetzt die Russischlehrer in den Schulen, meist im Ostteil des Landes, wo Russisch noch unterrichtet wird. Schön waren doch noch die Zeiten, als in den Schulklassen beim Fremdsprachenunterricht nur einheimische Kinder saßen! Wenn ein Lehrer da mal einen Fehler gemacht hat, ist es niemandem aufgefallen. Er konnte stolz sein auf sein Können, und die Schüler glaubten an ihn, unerschütterlich wie an Gott. Wenn er zum Beispiel erklärte: „Ich hatte keine Zeit – u menja ne bylo wremja."

Jetzt findet sich sicher in jeder Klasse so ein Rotzlöffel mit Russisch als Muttersprache, der anfängt, den Lehrer zu verbessern: „Nicht wremja, sondern wremeni."

Tja, wie fühlt man sich schon, wenn man eigentlich lehren soll und selbst belehrt wird? Und noch schlimmer: wenn man seine Fehler gar nicht erkennen kann, weil solche Finessen der Sprache nur jemandem auffallen, der mit ihr aufgewachsen ist. Es gibt vernünftige Kollegen, die das Beste daraus gemacht haben. Wenn eine gewisse Tanja oder ein gewisser Iwan sie ein paar Mal auf ihre Fehler hinweisen, stimmen sie schon von vornherein jeden Satz mit ihnen ab. Nach und nach übertragen sie das Schreiben an der Tafel vollständig an die kleinen Besserwisser, danach das Vorlesen, irgendwann auch das Aussprachetraining. Und solange die gewisse Tanja den Mitschülern leidenschaftlich zu erklären versucht, warum einmal „Do swidanija" und ein anderes Mal „Prostschaj" benutzt wird, hat der einfühlsame Kollege Zeit, sich die Nägel zu feilen oder einen Krimi zu lesen. Nur den Lohn bekommt er selbstverständlich noch selbst.

Aber es gibt auch durchaus unvernünftige Typen, die sich dem natürlichen Lauf der Dinge stur entgegenstellen, sich mit den Schülern anlegen und ihnen ihre Sicht der Dinge aufzuzwingen versuchen. Sie verwirren die Kids so, dass sie am Abend bei ihren Eltern nach Klarheit suchen. Die geben sich selbstverständlich Mühe, die verstümmelte russische Sprache wieder einigermaßen herzurichten, wenn auch wiederum nur bis zum nächsten Unterricht.

Irgendwann platzt auch ihnen der Kragen, und sie begeben sich in die Schule, um den sturen Kollegen zur Rede zu stellen. Sie geben sich Mühe, ihn umzustimmen, vielleicht doch noch auf die Muttersprachler zu hören und damit seinen ‚bestimmt exzellenten Sprachkenntnissen' zur weiteren Perfektion zu verhelfen, der, wie bekannt, keine Grenzen gesetzt sind. Aber der ‚Unvernünftige' ist, wie ja schon nachgewiesen, stur und weist sie zurück, schließlich hat er fünf Jahre an der Uni studiert und

besitzt dafür ein Pädagogendiplom. „Und Sie? Haben Sie einen Hochschulabschluss? Nein? Dann haben Sie mir überhaupt nichts zu sagen ..."
Und weil die von Geburt an vorhandenen Sprachkenntnisse der Eltern tatsächlich nicht amtlich anerkannt sind, haben sie dem nichts entgegenzusetzen und es bleibt ihnen nur noch, sich geschlagen zurückzuziehen. Und Verzweifelte schimpfen: „Diese unbewegliche Schildkröte. Vor einem Jahr noch sprach mein Kind ein gefühltes, natürliches Russisch. Und jetzt, nach dem Unterricht, versteht kein Mensch mehr, was es da von sich gibt. Und einen fürchterlichen Akzent hat es angenommen."
Tja, was bleibt dazu noch zu sagen ... Vielleicht wäre es besser, einen ‚Russen' einzustellen, aber der spricht wiederum ein schlechtes Deutsch. Und außerdem: Wo soll man dann hin mit all den Russischlehrern, die es nach dem Zusammenbruch der DDR auch so schon in Überzahl gibt?
Da bleibt uns nur festzuhalten, dass auch so mancher Deutsche einem Russen das Leben ziemlich erschweren kann.

Der Schuster, der Bäcker und die Integration der Aussiedler

Wenn ein Bäcker anfängt, Schuhe zu fertigen, und ein Schuster, Brot zu backen, dann ist bekanntermaßen nichts Gutes zu erwarten. Bei der Integration der Aussiedler scheint man diese Weisheit nicht beachten zu müssen, deswegen kann ich mich persönlich nur wundern, dass der Laden überhaupt noch irgendwie läuft.
Bei uns im Osten ist das Arbeitsamt sowieso davon überzeugt, das jeder Langzeitarbeitslose, der nicht mehr auf dem Arbeitsmarkt gebraucht wird, immer noch für die Arbeit in einem Integrationsprojekt geeignet ist. Zum Beispiel wusste man lange Zeit nicht, wohin mit den zahlreichen Professoren und Lehrern für Marxismus-Leninismus, die aus der DDR-Zeit übriggeblieben sind – wer braucht die heutzutage schon? Unser Jobcenter aber hält sie aufgrund des durch ihren Beruf besonderen Verhältnisses zur ehemaligen Sowjetunion für bestens für die Integration von Aussiedlern geeignet. Nur, was sollen sie denn den Aussiedlern beibringen – Marxismus-Leninismus? Den kennen die Betroffenen nach langen Jahren des Zwangsbekenntnisses wahrscheinlich besser als die ihnen vor die Nase gesetzte ‚Vormundschaft'.
Man ist beim Arbeitsamt ohnehin felsenfest davon überzeugt, dass jeder Ostdeutsche durch irgendeinen Bezug zur UdSSR sofort als Experte für alles, was aus dieser Richtung kommt, einsetzbar ist. Und sei es auch nur ein ehemaliger Totengräber. Eigentlich ist es zum Lachen, aber neulich habe ich tatsächlich einen bei einem Projekt

für Integration entdeckt. Wie er den Aussiedlern helfen soll, bleibt mir ein Rätsel, außer dass er den einen oder anderen heimlich verbuddeln könnte – dann wäre man das Problem gleich los.
Oder ein Major der Volksarmee, der ein anderes Projekt anführte. Nein, es wurde dort nicht marschiert, aber zum Morgenappell hatte jeder zu erscheinen und bei der Lagebesprechung dabei zu sein, war schon ein Muss. Ansonsten integrierte er seine Schützlinge zwar streng, aber gerecht. Besonders beeindruckend waren seine Vorträge zur Integration, als er über Strategien des Überlebens in Deutschland und von der Taktik der Alltagsbewältigung sprach, vom Überraschungsvorstoß in die neue Welt und dem Rückzug in das ‚gesicherte' Hinterland. Dank seiner Bemühungen waren seine Schützlinge nach einiger Zeit zum sofortigen Einsatz bei der Bundeswehr in jedem Krisenherd dieser Erde vorbereitet.
Aber immerhin war das ein Mann mit Herz und Seele. Ganz anders als der merkwürdige Typ an der Spitze eines weiteren Projekts, der sich immer lautlos durch die Räume schlich und den Gesprächen der anderen lauschte. Als Erstes weihte er seine Schützlinge in die Welt der allgegenwärtigen Verschwörungen ein, und dass das Gebot der Stunde höchste Wachsamkeit hieße. Er verpflichtete sie, ihm über alles einen Bericht zu schreiben. Nach einem Jahr ABM hatte dieser Typ ein beeindruckendes Archiv von Akten angehäuft, nicht nur über die Aussiedler, sondern auch über das Personal des Jobcenters, das dieses Projekt betreute. Seine

Vergangenheit ließ sich auch nach einem Jahr noch erahnen.
Obwohl es solche Persönlichkeiten mit Ecken und Kanten gibt, sind es in der überwiegenden Mehrheit ganz gewöhnliche Bürger. Etwas über fünfzig, ohne Aussichten auf einen neuen Job, eben die Verlierer der Wiedervereinigung und infolgedessen ziemlich sauer auf alles um sie herum. Für so einen bietet ein nicht redegewandter Aussiedler ein gefundenes Fressen, ein Blitzableiter, um Frust abzulassen. Und erst recht, wenn er schon immer davon überzeugt war, „dass man das ganze DDR-Übel nur den ‚Russen' zu verdanken hat und jetzt nicht verstehen kann, wieso man ausgerechnet die wieder ins Land lässt, damit sie die Bundesrepublik nach Jobs und Sozialleistungen abgrasen." Er findet das ungerecht, ein neuerliches Versagen der realitätsfern gewordenen Politik, aber er wird sich den Mund nicht verbieten lassen und denen, die seiner Meinung nach hier nichts zu suchen haben, auch so richtig zeigen, dass sie hier nichts zu suchen haben. Und so verwandelt sich manchmal ein Ort der Integration in den Schauplatz ihrer Bekämpfung.
Weil aber die Zugezogenen ziemlich schnell keine Lust mehr haben, den fremden Frust bei so viel eigenem über sich ergehen zu lassen, bleiben sie den Projekten fern. Dann beschimpfen die selbst ernannten ‚Kämpfer' für Gerechtigkeit sie wiederum als Integrationsunwillige und Integrationsverweigerer, die sich hier nicht einleben wollen. Und bemitleiden sich natürlich selbst, dass sie die die von der Politik eingebrockte Suppe auslöffeln müs-

sen, dafür von der Arbeitsagentur nur mit einem Hungerlohn als ABM-Kraft abspeist werden.
Eine besondere Färbung bekommt die Integrationsarbeit, wenn sich ihrer ein ebensolcher arbeitsloser Mitbürger mit Migrationshintergrund annimmt. Weil sie aus verschiedenen Religionen und Bildungsschichten kommen, manchmal auch aus ganz exotischen Ländern, habe ich zum Beispiel schon einmal eine ‚orientalische Version' mit ‚Oasen der Hoffnung' für einen Zuwanderer, einer ‚Fata Morgana' der unerfüllten Erwartungen und mit dem Postulat einer Vorliebe der Russlanddeutschen für Bauchtanz und Wasserpfeife bis hin zur ihrer angeblichen Begeisterung für afrikanische Trommelmusik und Voodoo-Kult erlebt. Besonders amüsant ist die Leidenschaft, mit der sich jede Version als die einzig wahre zu präsentieren versucht.
Im Ernst, wie soll einem Aussiedler, der noch keine Wohnung hat, keine Arbeit und die Sprache nicht beherrscht, ein Vortrag über ‚Die Intoleranz in der peruanischen Gesellschaft' zugute kommen? Abgesehen davon, dass sich unsere Bauern aus den abgelegenen Dörfern ohnehin nicht um Vorträge reißen, und Gott weiß, ob sie jemals von Peru gehört haben, konnte ich sonst auch nicht verstehen, wie so ein Vortrag ihrer Integration förderlich sein sollte. Aber ein langzeitarbeitsloser Kollege aus Lateinamerika konnte vom Arbeitsamt nicht untergebracht werden, verdarb die Statistik, und so hat man ihn ins Feld geschickt. Ich habe sogar schon erlebt, dass eine Schlangenbeschwörung als Integrationsprojekt präsentiert wurde, ebenso wie ein anderes Mal ein Abend mit dem Auftritt eines Schamanen.

Aber auch meine Landsleute selbst tragen zu dem herrschenden Durcheinander mächtig bei. Zunächst einmal sind sie feige. Aus Angst, ihren Arbeitsplatz zu verlieren, wagen sie es nicht, den Mund aufzureißen und diesen Quatsch zu beenden, wenn sie so einem exotischen Laden zugewiesen werden. Obwohl sie die Vorliebe der Russlanddeutschen für Didgeridoos oder Opiumpfeifen abnicken, trinken sie zu Hause nach wie vor ihren Wodka und sehnen sich zurück nach ihren Kuhställen im weiten Sibirien statt in den Weiten Australiens.
Für so manchen Sozialarbeiter ist die Aussiedlerintegration so richtig zum Beruf geworden, und er hat sich im Laufe der Jahre zum leidenschaftlichen ‚Experten' in dieser Sache entwickelt. Da ist es noch gut, wenn er sich die Zeit genommen hat, sie zu verstehen. Aber es gibt auch einige, die ihre Vorstellung von den ‚Russen' aus irgendwelchen Romanen von Dostojewski und oberflächlichen Berichten haben, aber felsenfest daran glauben, besser zu wissen, was für die Aussiedler das Richtige ist. Weil dieser ‚Sachkundige' aber nur flüchtig mit dem Thema vertraut ist, und weil das Arbeitsamt sowieso kein Konzept vorher mit den Betroffenen abstimmt, muss man schon manchmal staunen, welche realitätsfernen und wilden Lösungen für reale oder auch erfundene Probleme man bei den Sitzungen solcher ‚Expertenrunden' zu hören bekommt. Als ich einmal versuchte, die unspektakuläre und öde russlanddeutsche Version vorzubringen, wurde ich plötzlich als realitätsferner Spinner abgestempelt.
Sie sind sehr unterschiedlich, unsere Helfer bei der Integration. Ich bin zwar überzeugt, dass die meisten von

ihnen es gut mit uns meinen und die Sache mit viel Einfall und Engagement angehen, aber ... siehe am Anfang: Wenn ein Schuster anfängt, Brot zu backen ... Sie können wohl unübertroffen einen Zug Soldaten in die Schlacht führen oder perfekt ein Grab ausheben, uns über das Überleben im Dschungel berichten und mit exotischer Musik begeistern – von den Aussiedlern aber haben sie nicht viel Ahnung. Und wenn der Bäcker auch mit noch so viel Einsatz anfängt, Schuhe zu fertigen, und ein Aussiedler auch mal lernen wird, die Wasserpfeife zu rauchen und sich zum Glauben an die Schamanen bekennt, integrieren wird er sich davon trotzdem nicht ...

Drei deutsche Gegebenheiten, die eine russische Jägerseele erschütterten

Drei Mal an einem Tag wurde die Welt meines Freundes Iwan aus Russland, der bei mir zu Gast war, in einem deutschen Wald grundlegend erschüttert. Drei Mal stand der abgebrühte Berufsjäger, der sich nicht scheute, es mit einem sibirischen Tiger aufzunehmen, erschlagen und verzweifelt da wie ein kleines Kind.
Er war wirklich von Beruf Jäger, ein Trapper, wie man sie nur noch aus den Filmen über den wilden Westen kennt. Im Winter, von einem Hubschrauber im sibirischen Urwald abgesetzt, jagte er den heiß begehrten russichen Zobel, im Sommer sammelte er Pflanzen oder angelte in kalten Bergflüssen für einen Forstwirtschaftsetrieb Fische. Sein Brot verdiente er sich schwer im Wald, geplagt von Mückenscharen am Fluss, täglich der Gefahr durch die Raubtiere und im Winter der Kälte ausgesetzt.
Und so sah ich es als meine Pflicht an, einem solchen Profi unser nahe gelegenes Wäldchen gerade deswegen vorzuführen, weil es ‚ein ausgezeichnetes Jagdrevier' sein sollte, wie unsere Lokalzeitung schrieb. Gerade auf dem Weg dorthin, beim Überqueren unseres winzigen Flüsschens, geriet die Welt meines Freundes zum ersten Mal ins Wanken. Wir passierten gerade die Brücke, als er plötzlich unter ihr im Wasser die in Reihen stehenden Bergforellen bemerkte. Die blubberten einfach vor sich hin, sonnten sich gelangweilt im Flachwasser und zeigten nicht die geringste Angst vor ihm, einem Fischer.

Mein Freund, bei dessen Anblick sogar die Plötzen daheim mit der Geschwindigkeit eines Torpedos um ihr Leben schwammen, empfand das als eine offenkundige Beleidigung, als Verletzung seiner Berufsehre, die er am liebstem sofort mit einer Angel bestraft hätte. Dass sie auch auf sein Rufen und Pfeifen, sogar auf einen aus Verzweiflung geworfenen Stein nicht reagierten, empfand er überdies als eine Frechheit ohnegleichen.
„Die kann man ja mit einer Heugabel abstechen, gleich auf jeden Zinken eine“, stieß er mit Verachtung aus, nicht nur in Richtung der Fische, sondern auch in Richtung der einheimischen Angler, die ihr Getier nicht unter Kontrolle hatten.
Wohl um die unangenehme Begegnung schnellstens zu verarbeiten, stürzte sich mein Freund gleich im Wald auf die Erkundung der scheinbar vertrauten Umgebung. Er entdeckte sofort einen Fuchsbau und erklärte mir, dass die Füchsin wohl vor Kurzem die Jungen herausgeführt hätte. Etwas weiter sah er an einem gebrochenen Ast, dass hier vor drei Stunden ein Reh durchgelaufen war, das ein Meter zwanzig groß gewesen sein soll.
Und plötzlich stürzte die gerade einigermaßen wieder hergerichtete Welt meines Freundes zum zweiten Mal in sich zusammen, als es im nahen Gebüsch krachte und – ohne uns auch nur die geringste Aufmerksamkeit zu schenken – daraus ein Wildschwein gemächlich an uns vorbeiflanierte. Und als ob das nicht Schmach genug wäre für meinen Berufsjäger, blieb das Vieh noch vor uns stehen und grunzte uns in dem Sinne an, warum wir es wie zwei Affen anglotzten?

Für meinen Freund war das ein Affront, ein Spucken ins Gesicht, eine öffentliche Ohrfeige, die geradezu nach Rache schrie. Im fernen Sibirien hätte jedes Getier sofort die Flucht ergriffen, um aus der Schusslinie zu kommen, solange er das Gewehr von der Schulter zog. Für einen Moment wie gelähmt oder vom Blitz getroffen, erwachte dann doch schnell der Jägerinstinkt in ihm. Mit einem Räuberpfiff wollte er das Wild aufschrecken. Dass die Bache noch nicht einmal zuckte, sondern nur mit einem verächtlichen Blick zu uns herüberschielte, als ob sie sich wunderte, was für unerzogene Flegel man heutzutage im Wald herumlaufen lässt, das gab ihm den Rest.
„Tja, hier kann man mit einem Klappmesser auf die Jagd gehen", konnte er nur noch über die Lippen bringen, so, als wollte er die widernatürlichen Umstände in diesem Wald vor aller Welt anprangern.
Ich weiß nicht, was er sich so im Stillen dachte, als wir später weitergingen. Vielleicht sann er über die schlechte Ausrüstung der hiesigen Jäger nach und weshalb sie die Situation im Wald nicht in den Griff bekamen. Wenn das so war, muss wohl die Überraschung sehr groß gewesen sein, als er auf einer Waldlichtung auf einem Hochsitz auf einen Vertreter seiner Zunft traf. Weil er sich tatsächlich jemanden mit einer Heugabel oder einem Klappmesser vorgestellt hatte, muss ihm der Anblick des wie für einen kleinen Privatkrieg ausgerüsteten Kollegen wohl zum dritten Mal den Boden unter den Füßen weggezogen haben. Der Superschütze war nicht nur mit einer Automatik-Büchse mit modernster Optik bewaffnet, sondern hatte auch ein Nachtsichtgerät auf der Brust, das wohl nicht

jeder in die Schlacht ziehende Heerführer besitzt und das allerdings wegen der durch die Bäume beschränkten Sicht ohne jeglichen Nutzen war.
Bestimmt hatte meinen Freund auch die Kleidung des Kollegen zum Verstummen gebracht. Dazu muss gesagt werden, dass mein Freund sich mit einem groben, aus Filz gefertigten und bereits ziemlich zerfetzten Anzug durch den Wald schlug. Der sah nicht besonders gut aus, schützte aber so sicher wie kein Kunststoff der Welt gegen Kälte und den Schnee. Unser Jägerlein auf dem Hochsitz erfreute sich dagegen nicht nur eines bequemen und gebügelten grünen Jägeranzugs, sondern protzte auch noch mit einer bunten Feder am feschen Hut, der im sibirischen Wald gleich am ersten Ast hängen geblieben wäre.
Er saß da, frisch rasiert und mit einem gepflegten Antlitz, wobei mein Freund schon nach ein paar Tagen im Wald mit seinem von Wind und Kälte gegerbten Gesicht wie ein echter Landstreicher aussah.
Um meinem aus dem Staunen nicht mehr herauskommenden Freund den letzten Stoß zu versetzen, holte unser Jägerlein, die Füße tief in ein Plaid gewickelt, stolz ein flaches Cognac-Fläschchen aus der Tasche, hob es in unsere Richtung auf unser Wohl hoch, nahm einen kräftigen Schluck und biss in eine fein geschnittene Scheibe Salami.
Mein Profi konnte nur noch einen giftigen Kommentar von sich geben: „Sitzt da wie in einer Theaterloge, als ob er auf die Aufführung warten würde ...“

Seit einiger Zeit ist Iwan wieder zu Hause, in seiner vertrauten Umgebung, wo die Welt noch in Ordnung ist, wo die Plötzen ihren Platz kennen und das Wild um sein Leben rennt, wenn er naht. Ab und zu berichtet mein Freund in der Jägerrunde, die eine gute Jägergeschichte hoch zu schätzen weiß, über seine Erlebnisse im deutschen Wald. Die gesellige Runde, die durchaus auch nichts gegen eine gelungene Übertreibung hatte, nahm ihm so manches ohne Widerspruch ab. Aber das mit dem Jäger auf dem Hochsitz ...
Die Burschen, die die Jagd als einen Knochenjob kennen, sind jedes Mal mit ihrer Vorstellungskraft sichtlich überfordert, dass man ihre Arbeit in festlicher Kleidung, die Füße in ein Plaid gewickelt, mit Cognac und Salami erledigen kann und glauben, dass mein Freund in diesem Punkt wohl doch mächtig übertreibt.

Zu den Privilegien der Migranten

Ich persönlich habe, was das Zwischenmenschliche betrifft, keine Probleme, mit meinen Arbeitskollegen auszukommen, seien es nun Deutsche oder Migranten. Wie es so unter der Belegschaft üblich ist, schimpfen wir gemeinsam auf die Chef-Etage, die aus unserer Angestelltenperspektive alles falsch macht, beklagen uns über unsere ‚mickrigen Hungerlöhne' und meckern über die Politik der Bundesregierung gleichermaßen wie über das schlechte Wetter am Wochenende. Selbstverständlich machen wir auch unsere unanständigen Witze über die Kollegen aus anderen Ländern, über ihre Sitten und Gewohnheiten, weil wir es aber nicht böse meinen, kommen wir trotzdem besser miteinander aus als die Politik mit ihrer gespielten Höflichkeit.

Mit Ausnahme einiger Typen, die auch sonst mit den Einheimischen nicht klarkommen, weil sie immer glauben, dass ein anderer ihnen etwas wegnimmt und die anderen am eigenen Missgeschick schuld sind. Ich hatte einen gewissen Jürgen von dieser Sorte an meiner Seite, der böse Unterstellungen und haltlose Behauptungen über Migranten geradezu aufsaugte wie ein Schwamm und mich damit manches Mal zur Weißglut brachte. Wenn ich von einem schweren Kater gezeichnet zur Arbeit kam, wurde mir sofort die Sauflust aller Russen angekreidet, obwohl manche einheimische Kollegen, auch Jürgen selbst, vom langen Feiern am Abend zuvor arg mitgenommen waren. Auch wenn ich meinen Arbeitsplatz immer in bester Ordnung gehalten habe, sollte

ich mal einen Schraubenzieher liegen gelassen haben, sofort kam er mit seinem Hohn über die ‚angeborene russische Schlamperei'. Und das, obwohl ich eigentlich ein Deutschstämmiger bin und nach seiner Logik mit den Genen etwas ganz anderes mit auf den Weg ins Leben bekommen haben sollte. Ab und zu verpetzte er mich auch beim Polier, was eigentlich unter Kollegen nicht üblich ist, aber einem ‚Russen' gegenüber gilt so etwas ja für Jürgen nicht als Sünde.
Also ein unangenehmer Typ mit einem von Vorurteilen verlausten Kopf, der zu einer Entlausung weder willig noch bereit war.
Fast jeden Tag kam er mit einem neuen gemeinen Gerücht oder einer Behauptung an, die er mit sichtlicher Schadenfreude in die Welt setzte. Mal verkündete er, dass die älteren Aussiedler mit skandalös hohen Renten auf seine Kosten hier wie die Made im Speck lebten. Ein anderes Mal kam er mit der wilden Behauptung, dass jeder Aussiedler gleich nach der Grenzüberquerung ein Häuschen von der Regierung geschenkt bekommen würde.
Am Anfang versuchte ich noch, ihn in der Sache aufzuklären, aber er wollte gar nichts verstehen und grinste mich nur verächtlich ob meiner Bemühungen an, womit er wohl meinte: „Ja, ja, erzähle nur deine Märchen!" Obwohl meine deutschen Kollegen wie auch mein gesunder Menschenverstand mir sagten, dass es keinen Sinn hätte, sich aufzuregen, brachte er mich immer wieder dazu, aus der Haut zu fahren, was Jürgen nun helle Freude bescherte. Also, er war mir mit seiner unerschütterlichen

Anklage überlegen und feierte einen Siegeszug nach dem anderen.
Aber wie es so im Leben ist, war auch sein Glück nicht von langer Dauer, früher oder später findet jeder seinen Meister. Für Jürgen war das mein Landsmann Albert Lang, der eines Tages bei unserer Firma eingestellt wurde. Dieser geborene Witzbold hatte sofort begriffen, dass man den Spieß nur umdrehen muss, um Jürgen mit seinen eigenen Waffen, seinen Vorurteilen, zu schlagen. Es war so, dass er eines Tages in der Mittagspause auf der Bank vor unserer Werkstatt die Beine ausstreckte und vor sich hinschwärmte: „Na, bald habe ich es hinter mir. Dann sage ich allen ‚Tschüss' und weg bin ich – in meinem Migrantenurlaub. Für drei Monate ans Meer ..."
„Wieso für drei Monate?", fragte der nichts ahnende Jürgen nach.
„Was, das weißt du noch gar nicht? Diese neueste Entscheidung unseres Betriebsrats? Also, man hat hin und her überlegt, so und so, dass wir Migranten fern von der Heimat so unter Heimweh leiden und uns davon erholen müssen ... Dann noch die lange Anreise, in die Türkei oder nach Sibirien, zum Beispiel. Und dort muss noch das Häuschen nach einem Jahr Abwesenheit repariert werden, da kommen wir ja wieder nicht zur Ruhe ... Da ist der Urlaub schon vorbei, und wir haben uns gar nicht richtig erholt. Also hat man beschlossen, den Migranten doppelt so viele Tage bezahlten Urlaub zu geben. Ihr Einheimischen habt ja all diese Probleme nicht. Dein Haus ist hier, und wenn man dir auch einen längeren Urlaub geben würde, würdest du dich nur in deinem

Schrebergarten mit Bier volllaufen lassen und dich mit Wurst vom Grill vollfressen und deine Gesundheit nur noch weiter schädigen. Wenn es nach mir ginge, hätte ich den Deutschen den Urlaub noch gekürzt. Nein, das war weise von den Kollegen von unserem Betriebsrat, dass sie dem doppelten Migrantenurlaub zugestimmt haben ..."

„Aber da haben sie nicht mit mir gerechnet!", brauste Jürgen auf und stürmte aufgebracht in Richtung des Verwaltungsgebäudes.

Gerne hätten wir gewusst, was dort sich abspielte, aber wir haben auch so Tränen gelacht, wenn wir uns die Gesichter unserer Verwaltungsdamen vorstellten, während er da Einspruch gegen etwas erhob, das es gar nicht gab.

Seinem zornigen Gesicht war deutlich anzusehen, dass wir ihm am besten aus dem Weg gehen sollten. Aber Jürgen wäre nicht Jürgen gewesen, wenn er sich gleich am nächsten Tag für immer von seinen Vorurteilen verabschiedet hätte. Es dauerte gar nicht lange, bis er wieder mit seinen seltsamen Gerüchten anfing. Aber Albert wäre wiederum nicht Albert gewesen, wenn er ihm das hätte durchgehen lassen. Und so streckte Albert ein anderes Mal in der Mittagspause wieder die Beine aus und sinnierte laut vor sich hin: „Weißt du, Jürgen, ich überlege gerade, doch noch eine dritte Etage auf mein Haus aufzustocken. Eigentlich wollte ich ja nicht, aber bei so einer Gelegenheit! Obwohl ich es gar nicht wirklich brauche. Was soll's, ich kann ja jemanden zur Miete wohnen lassen und brauch dann nicht mehr zu arbeiten."

Jürgen spitzte sofort die Lauscher wie ein Feldhase in der Jagdsaison.
„Du hast doch auch mal gebaut, Jürgen? Wie groß ist denn deine Hütte, und was zahlst du so?"
„So ganz normal, etwa 120 qm. Für so etwa 250.000 € plus Zinsen auf 30 Jahre. Insgesamt kommt es so auf 400.000, 00 €."
„Na siehst du, da komme ich mit meinen drei Stockwerken und 260 qm mit 380.000 € noch preisgünstiger weg als du. Da haben wir Aussiedler im Vergleich zu euch Einheimischen wirklich Schwein mit diesen zinslosen Baukrediten. Es war ein cleverer Schachzug von der Politik, eine richtige Entscheidung. Die Leute müssen an unser Land gebunden werden, müssen hier Fuß fassen, endlich ansässig werden. Deutschland braucht sie, da sollen sie bauen! Das siehst du doch auch so, Jürgen?"
Dass Jürgen es nicht so sah, konnte man ihm in diesem Moment vom Gesicht ablesen. Obwohl Albert ihm persönlich nichts wegnahm, machte uns allein schon der Gedanke, dass er eine solche Menge mehr zahlen müsste, zu seinen erbitterten Feinden.
„Stell dir mal vor, das wird dann das größte Haus in unserer Straße werden!", setzte Albert noch eins drauf.
Wutschnaubend erhob sich Jürgen und verschwand lautlos in der Werkstatt. Und sprach die nächste Woche lang kein Wort mit uns, als wären wir gemeine Diebe, die ihm in die Tasche gegriffen hätten und für die er nichts als Verachtung übrig hätte. Bis er sich wohl bei der nächsten Bank erkundigte und erfuhr, dass das mit dem zinslosen Aussiedlerkredit völliger Unsinn war.

Ihr glaubt jetzt, unser Jürgen hätte etwas aus dieser Geschichte gelernt? Fehlanzeige! Es gibt eben Leute, die nie etwas lernen werden. Wie auch Albert wohl nie mit seinen Witzen aufhören wird.
Es dauerte gar nicht lange, bis Albert in der Pause wieder einmal mit seinen Schwärmereien anfing. „Ja, Jürgen, jetzt noch fünf Jahre und dann habe ich es hinter mir. Dann gehe ich in Rente."
„Aber du bist doch noch keine fünfundsechzig?", meinte Jürgen misstrauisch.
„Nein, zehn Jahre jünger. Aber da gibt es dieses Gesetz zur Sonderrente. Zum Beispiel für die Polizisten, die höherer Belastung und Stress am Arbeitsplatz ausgesetzt sind, denen wird ein Beitragsjahr als zwei angerechnet. Und weil die Migranten mit der Integration, den Sprachproblemen und so auch zusätzlich psychisch belastet sind, wird ihnen auch ein Jahr Arbeit hier von der Rentenversicherung wegen der besonderen Umstände als zwei anerkannt. Schau mal, ich bin mit vierzig nach Deutschland gekommen, habe jetzt zehn Jahre Rentenbeiträge gezahlt. Mal zwei, da bin ich schon etwa bei 60 Jahren. Das heißt, ich muss nur noch zweieinhalb Jahre arbeiten und dann ‚Ade', und schon gehe ich in den wohlverdienten Ruhestand. Mann, da freue ich mich schon drauf! Wenn ich in meinem Garten im Sommer in der Hängematte liege, werde ich an dich denken, Jürgen. Dass sich mein Freund Jürgen jetzt irgendwo schwer abrackern muss, wo ich es so gut habe."
Ich weiß nicht, wie weit Jürgen Albert tatsächlich geglaubt hat, aber den Rest des Tages lief er mit einem

finsteren Gesicht herum. Erst nach drei Tagen kam er mit deutlich aufgehellter Mine an und meinte stolz, dass das alles Quatsch sei mit den doppelten Beitragsjahren. Was darauf schließen ließ, dass er sich wohl irgendwo erkundigt hatte.

„Einen Dreck wirst du mit fünfundfünfzig in Rente gehen“, vermeldete er rachsüchtig und mit einem Ausdruck tiefster Zufriedenheit. „Du wirst genauso wie ich bis 65 Jahre hier ackern und dieselbe mickrige Rente kriegen.“

„Na endlich“, meinte Albert, „siehst du mich als deinesgleichen. Auch wenn wir nur in der gleichen Scheiße stecken. Ich hätte mir gewünscht, als Mitmensch, als Gleicher unter Gleichen ... Aber dich dahin zu bekommen, haben wir ja noch Zeit – bis zu unserer Rente in zehn Jahren!“

Unsere Namen – unsere Schicksale

Neulich hat sich mein Nachbar ein Familienbuch zugelegt. Ich konnte ihn nur von ganzem Herzen darum beneiden, weil ich es auch mal versucht hatte und schon an der ersten Frage des Antrags gescheitert bin.
Name ...?
Ja, welchen sollte ich denn angeben? Den, den ich heute trage? Aber der war mir erst ein Jahr zuvor, nach der Umsiedlung nach Deutschland, von einem Beamten des Bundesverwaltungsamtes gegeben worden. Der ursprüngliche Name meiner Vorfahren ist wohl 1941 in den Wirren der Deportation meiner Familie nach Sibirien für immer mit den deutschen Urkunden verloren gegangen. Mein Vater, der Analphabet und der russischen Sprache nicht mächtig ist, hatte versucht, ihn der örtlichen Behörde mündlich zu übermitteln, so etwas Ähnliches wie ‚Re-e-h-ser'. Weil aber der ihm gegenüber skeptisch gestimmte Mann hinter dem Tresen keinen Buchstaben ‚h' in seiner russischen Sprache kannte, verpasste er ihm einfallsreich einen blumigen Namen nach seinem Geschmack, nämlich ‚Reysner'. Im Krankenhaus wiederum, wo ich etwas später zur Welt gekommen bin, waren mit den Ärzten ganz pragmatische Leute am Werk, die fanden, dass es in der ganzen Angelegenheit zu viele Buchstaben gab und zur Erleichterung ihrer Schreibarbeit den Namen in der Geburtsurkunde zu ‚Reser' abkürzten.
Als in den siebziger Jahren die Sowjetregierung gnädigerweise auch meine vertriebenen, passlosen Eltern in

den Genuss eines Ausweises kommen lassen wollte, sah die Bilanz so aus: Zwei Elternteilen mit dem buchstabenreichen Namen ‚Reysner' standen schon sechs Kinder mit dem Kürzel der schreibfaulen Ärzte ‚Reser', gegenüber. Formal gesehen hatten meine Eltern, die im Schweiße ihres Angesichts eine Schar Kinder erzogen hatten, gar keinen Nachwuchs vorzuweisen und dadurch auch keinen Anspruch auf eine Altersversorgung. Als das meinem Vater klar wurde, schäumte er vor Wut und trägt das den Sowjets bis heute als das schwerste Verbrechen ihm persönlich gegenüber nach. Weil aber damals die Frage bestand, sechs Pässe neu ausstellen zu lassen oder nur in zweien eine Änderung vorzunehmen, entschied sich die Familie schon rein aus Kostengründen für Letzteres. Und so lebte ich mit dem zweimal erfundenen Namen weiter, studierte, heiratete und setzte sogar ein Kind in die Welt – bis zu meiner Abreise nach Deutschland, als ich in meinem neu ausgehändigten Reisepass zu meinem Erstaunen anstelle von ‚Reser' wieder einen fremden und neuen Namen, nämlich ‚Rezer', entdeckte. Weil man in Russland den Namen aus dem Kyrillischen nach irgendeiner französischen Schreibweise ins Lateinische überträgt.
In Deutschland angekommen, hatte ich die einmalige Gelegenheit, zu meinem ursprünglichen Familiennamen zurückzukehren – aber welcher war das eigentlich? Ich hatte ihn nie in deutscher Schreibweise gesehen ... Und so glaubte ich, mit der Entfernung des fantasievoll eingesetzten ‚n' aus dem blumigen Namen meines Vaters und mit dem Wechsel von ‚y' auf ‚i' zum Ursprungsnamen

Rehser zurückgekehrt zu sein. Bis man mich später darauf hinwies, dass die Buchstaben ‚e' und ‚i' zusammen kein langes ‚e', sondern ein ‚ei' ergeben und ich damit zu einem ‚Reiser' mutiert bin. Dabei sind meine nachgereiste Frau und meine Tochter ‚Rezer' geblieben, und mir ist jetzt das passiert, worüber ich mich bei meinem Vater so lustig gemacht habe – ich habe eben dem Namen nach kein Kind mehr.

Nicht anders erging es meiner Verwandtschaft – es gibt unter uns jetzt Rössners, Rehsners und sogar einen Rehse. Besonderes Pech hatte einer von meinen Cousins – er traf auf einen Beamten, der schlecht auf die Aussiedler zu sprechen war und der ihm, nicht weniger einfallsreich als sein russischer Kollege, einen deftigen Spottnamen verpasste – Rayznarr!

Unsere Namen, unsere Schicksale ... Sie waren schon immer eine Geschichte wert. Nicht genug, dass sie unbarmherzig bei der Umschrift ins Kyrillische erstellt wurden, ein echtes Grauen war ihre Verstümmelung bei der Aussprache. Für einen Russen ist es genauso ein Martyrium, einen deutschen Laut über die Lippen zu bringen, wie für einen Deutschen einige russische Buchstaben. Glück hatten diejenigen, deren Name Ähnlichkeiten mit einem russischen Wort aufwies. Wir hatten so einen Glückspilz mit dem Namen Bolt im Dorf, was auf Russisch ‚Schraube' bedeutet. Das war zwar auch weiß Gott nicht viel von der Bedeutung her, aber immerhin war es erkennbar. Später lernte ich so richtige Gewinner in dieser Hinsicht kennen, die wirklich zu beneiden waren – ein Graf ist auch im Russischen ein Graf, und mit

solchem Namen hatte man zum Beispiel bei der Brautsuche durchaus gute Karten, weil die Frau ja den Familiennamen des Mannes übernehmen würde.
Ein hoffnungsloser Verlierer war dagegen schon im Mutterleib jemand mit dem Namen eines der bekannten Nazigrößen, die jeder im Ohr hatte, wie zum Beispiel Himmler oder Bormann, von denen es auch etliche unter den Russlanddeutschen gab. Gott sei Dank war Hitler ein seltener Name. Die armen Kerle mussten nicht nur länger als Junggesellen herumlaufen, sondern auch im Berufsleben unüberwindbare Barrieren bewältigen – unvorstellbar war ein Offizier namens Göring in den Luftstreitkräften der Roten Armee oder ein Parteifunktionär mit der Anrede ‚Genosse Goebbels'.
Doppeltes Pech hatten aber diejenigen, die zum deutschen Nachnamen auch noch einen ‚unangenehmen' deutschen Vornamen und Vatersnamen hatten, weil man sich in Russland damit anspricht. Eine gute Freundin berichtete mir mal von einem seltsamen Gespräch mit dem Vorsitzenden des Parteikomitees, der die intelligente und fleißige Deutsche unbedingt für seine Verwaltung gewinnen wollte.
„Also, Anna, wir möchten dich gerne als Abteilungsleiterin einstellen. Aber wie du verstehst, wird das mit deinem deutschen Namen Schwab nicht gehen. Das ist aber nicht schlimm, ich habe mir schon eine Lösung einfallen lassen: Wir verheiraten dich mit einem Russen. Und dann heißt du Petrowa oder so. Der Name Anna kommt im Russischen zwar selten vor, aber es gibt ihn auch. Hoffentlich birgt dein Vatersname keine Überraschung! Wie heißt dein Vater?"

„Adolf."
„Tja", meinte der Gebietshäuptling enttäuscht. „Adolfowna ... Da bin sogar ich machtlos. Wäre es nur ein Heinrich oder Paul. Aber Adolf, keine Chance ..."
Der in Russland seltene Name Adolf war überhaupt so ein Fluch, der einem von der Wiege bis ins Grab das Leben verdarb. Nicht genug, dass man als Kind gehänselt wurde, auch als Erwachsener hatte man stets ein Lächeln hinter dem Rücken zu ertragen, wo immer man sich vorstellen musste. Und so ist es verständlich, dass keiner von den mir bekannten Adolfs sich aus der vertrauten Umgebung seines Heimatdorfs heraustraute. Und wenn, dann nur unter einem Deck- oder Tarnnamen, den man sich sogar auf kriminellen Wegen aneignete. Ein angesehener Journalist gestand mir ein Verbrechen, das mit bis zu 10 Jahren Haft bestraft werden konnte, nämlich Urkundenfälschung. Mit 15 Jahren hatte er all seine Papiere mit dem gehassten Namen Adolf verbrannt, eine neue Biografie erfunden und sich damit von seiner Vergangenheit und Verwandtschaft losgesagt, um sich unter dem Namen Anatolij anzumelden. Nur so bekam er überhaupt die Chance, Journalistik zu studieren, zum ständigen Korrespondenten der hochgeschätzten Nachrichtenagentur TASS aufzusteigen und das hübscheste Mädchen des Studienjahrgangs zu heiraten. Es wäre undenkbar gewesen, in diesem offiziellen Medium der Sowjetregierung einen Artikel mit dem Namen Adolf zu unterschreiben. Jetzt aber, wo er nach Deutschland ausgewandert ist, hat er so seine Schwierigkeiten mit dem Namen Anatolij, den hier keiner richtig aussprechen, geschweige denn bei den Behörden schreiben kann.

Aber nicht nur Russlanddeutsche, sondern auch Leute anderer Nationalitäten wurden in den Trubel um deutsch klingende Namen in Mitleidenschaft gezogen. Ein gebürtiger Tatare musste sich so von seinem von der Mutter mit Liebe ausgesuchten Vornamen Rudolf trennen. Bei der Einberufung zur Armee brüllte ihn der zuständige Offizier an: „Was? Rudolf heißt du? Vielleicht soll ich dich noch als Adolf einschreiben? Also machen wir aus dir einen waschechten Iwan."
Manchmal benutzte man einen Namen auch als Waffe gegen das Regime, wie mir mal eine Dissidentin und Kritikerin des Sowjetsystems gestanden hatte, die ihren Sohn allen zum Trotz Adolf nannte.
„Die können mich mal ...", erklärte die extravagante Künstlerin ihre Wahl. „Da werden die im KGB schäumen, wenn sie es erfahren", meinte sie rachsüchtig dazu. „Außerdem wird der Junge seine Ruhe haben vor all den dämlichen Pionieren oder dem Komsomolquatsch, und erst recht davor, in die Parteileitung oder beim KGB aufgenommen zu werden. Damit kann ich ihn ungestört zu einem richtigen Dissidenten erziehen."
Also, ich habe es damals aufgegeben, mir ein Familienbuch zuzulegen, zumal im Antrag noch Fragen zum Vornamen kamen, dem Namen meiner Großeltern, ganz zu schweigen der Urgroßeltern, die für immer in den vernichteten Archiven der deutschen Kolonisten an der Wolga und des KGB vor uns verborgen bleiben werden. Vielleicht tun es meine Kinder, die es in dieser Hinsicht hoffentlich leichter haben werden.